与恩师李雨樵

与恩师王永祥

与王琪老师

与太极名家田秋信师叔及武当太极拳名家晏洪涛师兄

与太极名家马广禄师叔

与好友武当三丰自然门传人晏洪涛

与台湾中华太极拳总会理事长林木火先生交流

与台湾太极名家郭正勋交流后合影

与吴式太极名家战波老师交流

在武协年会上与深圳武协主席马志久
及师兄马建华合影

形意拳练功照

收徒仪式与部分弟子合影

与早期弟子合影

指导学生英国格斗金腰带获得者Sean William Robins形意安身炮

应德国学员托马斯邀请访问德国合影留念

与德国学生

与德国学生合影

以心悟道练太极

——从一点不会到太极拳高手

刘骏涛　著

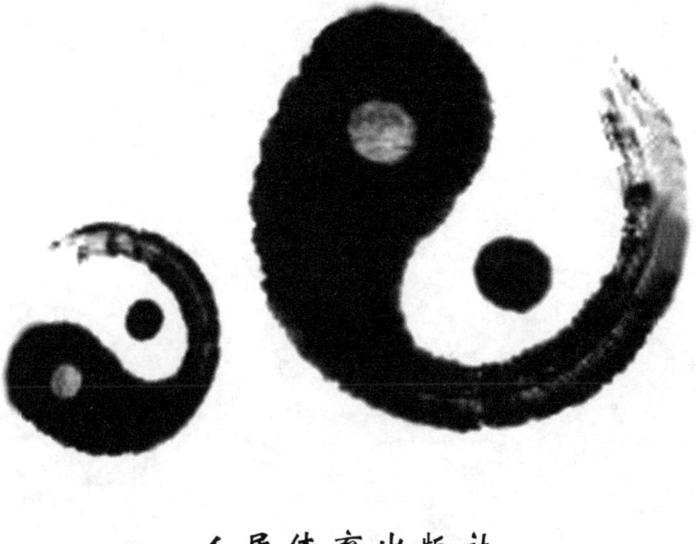

人民体育出版社

序　一
太极拳迷雾中的明灯

刚开始学习太极拳时，觉得一直在迷雾之中，这些迷雾让我对太极拳充满疑惑，在学与不学之间犹豫不决。一直到遇见刘老师，才将对太极拳的疑惑解开，顺利走进瑰丽的太极殿堂。

套路与行气

我学习太极拳的初衷是因为年近50，希望可以藉太极拳养生改善身体状况。在跟随刘老师学习太极拳的老架一路之后，慢慢感觉手上有气，后来问针灸医生才知道，这就是中医所谓的“气”。太极拳的老架一路最重要的功用就是“行气”。这里的气是指“元气”，是人身上最基础和重要的气。针灸借着针从穴道引外气入体，并引动体内自身之气。太极拳则是透过套路自发引动体内的气。

“行气”的好处是可以增强身体运作能力，自体对抗疾病。人的疾病有两大类，一类是外来入侵的，如感冒病毒；另一类是自体产生的，如癌症。身体“气”的运行有助于治愈自体产生的疾病，也有助于抵抗外来入侵的疾病。

并不是所有太极拳套路都能引动身体的“气”，许多套路走岔了，已经失去引动“气”的功能。即使老架一路也一样，如果错失老架的诀窍，就会变成无用的公园体操。刘老师在书中对太极拳套路的诀窍有深入解析，像是立身中正、以指领劲、意在涌泉等；这些要诀让学习者不会走岔路，依照刘老师教导很快就能做到和针灸一样的功能。我练老架一路半年之后，从手无缚鸡之力的中年男，一下子变成手劲出奇大的力士，让周遭朋友啧啧称奇。

劲

内家拳和外家拳的区别在于用劲。外家拳的劲是肌肉劲，透过重量训练得来；练习方法必须跑步、举重、击沙包、木人桩等。欧美的白人和黑人人高马大，肌肉力天生超越国人，加上欧美的拳击或是泰国的泰拳都有很好的训练方式，因此，国人在这方面并不容易与外国人竞争。即使是李小龙也必须经过苦练才能在竞技场据有一席之地。内家拳的劲则完全不一样，意拳宗师王芗斋身形并不壮硕，却可以打遍高手，用的即是内家的劲。

刘老师具有浑厚的内家浑圆劲，这种劲源于丹田，透过气的运载，送至身体终端。因此，虽然刘老师身形并不壮硕，却力大无穷。练内家浑圆劲必须站桩，包含养生桩、浑圆桩、技击桩等。刘老师在本书中将站桩这个武林不传之密无私分享给大家，是习武者之福。

用站桩练劲，用套路行气，依照刘老师的教导，身体很快便能具有技击所需的强大力量，并具有强健之体魄。

听

太极拳中最特殊的技能是“听”。像刘老师这样的内家拳高手，在技击中，眼神一接触就开始“听”了。即使眼神藏住出拳意图，双手一搭，毫毛一动，绝对听得见对手即将出手的方向。我在看完王家卫的《一代宗师》之后，去请教刘老师咏春拳之中是否也有听，刘老师练过咏春拳，因此笑着回答，咏春拳听的是骨劲，太极拳却可以听到毫毛劲。

太极拳中所谓以柔克刚、四两拨千金即是透过“听”，在了解对手即将出手的方向之后，将对手力量引导偏移。因此对打时，听力极为重要，听力够好，对手便很难打到你。

“听”必须依赖推手练习。刘老师精研推手多年，功力非凡。我曾和台湾太极拳拳师对练推手，让我惊讶的是，对方只推不听，根本失去了推手最重要的精神。跟着刘老师学习，太极听力将会在正确的方向上突飞猛进。

击

太极拳的“击”很奥妙，有人说太极拳是以静制动或是后发制人，这并非完全正确的说法。太极拳出手在对手动念之后，出手之前；在对手动念攻击时，太极拳高手已经“听”到，然后迅速化解对手的攻击，或是先发制人。太极拳的攻击有许多手法，可以在瞬间将全身的“劲”爆发攻击，也可以运用擒拿制服对手；可以用太极拳的招式，也可以用别的招式。所以，真正的攻击不在招式，而是先“听”住对手，然后“行气”用“劲”，一边化解对手攻击，一边攻击对手，或是用招式制服对手。如果缺乏前面步骤，只是死用招式，就离太极很远了。可惜的是，在许多视频中的太极散手对打几乎都是直接用招式，少有太极拳精髓。

刘老师是太极拳界的实战高手，和当年王芗斋一样，到处寻访名师，从切磋和实战中精进太极拳技巧。刘老师是能将太极拳的“击”讲到精髓，让太极拳成为极具攻击力的实学的明师。

太极之极

心道太极拳在行气、养劲、听、击上均衡发展，从初学者到精进者都可以从书上得到必要的协助。刘老师在书中不吝分享多年心得，让学习者可以少掉曲径，直通太极拳的核心，对想要深研学习太极拳者，是极大的福音。

詹志辉

(六西格玛黑带大师，台湾政治大学社会学系博士)

序 二

心道太极拳

作为一名太极拳的初学者，当看到这部稿子时，内心有着说不出的震撼和感动。感动的是刘骏涛先生把教拳习拳的总结和心得，丝毫不藏私地公诸于武林同好。震撼的是，太极拳的学习方式，有着如此更为直接有效的方法，可以让学习太极拳的人，能够更为容易地入门及进阶。

敝人在2012年开始学习太极拳，并在2014年初正式拜刘骏涛先生为师。从老架一路开始打起，从周身不协调到慢慢地可以练习推手，从能感觉到骨劲到可以初步听到皮肤劲，这个过程，我师父不单只有注重架子的调整，更是注重拳理的说明与解释。使得原本具有神秘色彩、拳理繁多的太极拳，变得更容易使人了解和学习。尤其他自身示范太极拳中的粘黏连随、上拔下钻、周身轻灵等，都让人觉得现实中太极拳竟还有此等功夫真实存在。师父爱好中华传统武术，除了太极拳以外，其他内家拳法如八卦掌、形意拳以及意拳，皆能深入拳理，得其精要。我请他示范形意拳时，其周身整劲如钢筋水泥般，找不到空隙，却是整身都松。太极推手时，周身如水一般，摸不到丝毫的劲。发劲时，巨力万钧，却又能收能发。其余用中守中藏中、弹抖力等更不在话下。他不拘泥于门派之隔阂，采取其他内家拳法之优点，融合进太极拳的教学中，强化并完备了太极拳的理论，使得学习太极拳的乐趣和体悟能更为直接实际，这是与其他太极拳学习途径不同之处。如站桩得法，可以有效地滋养丹田，丹田得养，能让习拳更加精进。与太极拳架相辅练习，其进步更速。我相信，一般教授太极拳的方式，多以打拳万遍，拳理自现的途径，让少数人通过时间与练习，慢慢进步。但是我师父提倡的，除了拳架以外，还有站桩与推手，三者并进是太极拳功力往上提升的有效途径。

中华武术，博大精深。不过因为时代演进，习拳者多求速成，罕有对拳理深入研究。稍有研究者，常又因为门派之见，对于其他派别多不详细了解。近代能融合各家拳法而更上层楼者，如八卦掌、形意拳、大成拳，都已经是近百年之前的往事。本书内容是近代少有的能采内家拳精华，融合进太极拳所完成的学习要诀。

书中把太极拳练习的几个阶段与实际上的练习方法仔细地写出，并把内家拳炼气炼神的方式具体化。相较于一般的内家拳理述说的玄之又玄的方式，我相信这本书是内家拳练习入门与进阶的极佳教材，也是近代内家拳理论与实务的瑰宝。

有个故事，徒弟问师父说，按照我的程度，还要几年可以练到拳法小成，师父说还要10年。徒弟说，那我加倍努力呢？师父说，20年。太极拳的练习，如果没有对于拳理的体悟，就如这个故事所讲述的一般，事倍功半。或许您也碰过，有的推手推了十几年，一开始搭手，马上就顶。打了十几年的一手好拳，一搭手，还是顶。气沉了丹田十几年，打起拳架，还是气留一截在肩上。说了松十几年，一搭手，是丢不是松。说粘黏连随十几年，只能听到骨劲。讲了中正安舒，推起手来，上身脊椎摇摇晃晃。大家花费了大量的时间练习，却连基本的推手都无法做到10年练功10年功力，更不用论实用散打了。这代表着大家习武的效果，常常是事倍功半的。

一年形意，两年八卦，三年太极（十年太极），是大家对于这三家内家拳一般学习时间的认识。我个人的心得，听劲想要提升，脚步要轻盈，如果没有丹田的基础，进步与体悟的速度就会比较慢。但是盘拳架要把丹田练大，需要时间很久，因此站桩法就可以弥补拳架对于丹田气训练较慢的问题。丹气不足，内家拳理说的一些事情，要体会就会比较困难。也许因为如此，许多学习者就会以其他的自己感觉与体会来阐释内家拳理，如空松透散等。但是殊不知，丹田有物的空松透散和丹田无物的空松透散差距甚大。我相信这是许多内家拳练习者常犯的错误，因此，丹气的补足可以协助学拳者体悟拳理。至于推手和拳架的功用，我想大家多已明白。如果能依照我师父书中说明的方法顺序练习，持之以恒，相信一定有机会可以做到三年太极有成，而不是太极十年不出门。

这本书所述精要，跟师父教我们学拳的要领一模一样，也是我们每天打拳要去练习和揣摩的。

很钦佩师父这样无私地分享，为中华武术的传承做出贡献。也希望各位读者们能从书中的每一字句，琢磨体会，功力精进。

陈立宜

（博士，台湾著名工商界人士）

前　言

我辈习拳练武，所为何来呢？在古时或曰安身立命，行侠仗义。而今日无非是：一强身健体，祛病延年；二防身自卫，克敌制胜；三寻找理趣，喜爱使然。

我天性好动，自幼便随高邻张广明老先生学习八卦掌中的基本功法，从那时起就对内家拳法及众多武林前辈高手心向往之。张先生曾师从八卦掌名家李子鸣先生，内家正宗，武艺高强，但那时因我年龄尚小，难以领悟内家拳法真意。

年纪稍长后迁居南方，得见南派拳术大师晏西征先生，随先生习拳三载。其有南拳、大小洪拳、虎拳等套路，先生教拳十分严厉，使我余荫直至今日。

一次假期出游，巧遇恩师李超先生，并请试技，三战三北，至此方见内家妙技。李师乃太极拳大师雷慕尼、洪均生两前辈之高足，艺高德尚，精陈式太极拳，其拳理博大精深。虽蒙恩师看重，收归门下，潜心教导十余年，但限于天资驽钝，虽有体悟，亦难望恩师项背矣。

其间寻师访友，以增见闻，得意拳大师、恩师王永祥先生教诲。王先生拳法注重实战，尤善实作技击，守御时如山似岳，发力时雷霆万钧。在先生严教之下，使我对内家拳理更有所得，感悟颇多。

南京王琪老师，民国时就读于北京大学，期间师从国术大师韩其昌先生，精八卦掌、形意拳。虽 80 高龄仍以传播内家拳法为己任，见笔者求道心切，不顾年迈，亲自打手传技，细心教导。笔者心中过意不去，多次将礼物和礼金送到老师家里，但老师却从来不收，前辈风范，永存肺腑。

从 2000 年起，除寻师访友外，因身边一些朋友常感亚健康的困扰，便将所学太极拳教给大家练习，以求强健体魄。谁知一发不可收拾，从学日众。为不负师恩，传承我学，于 2006 年注册深圳内家拳辅导中心，2008 年更名为柔武堂太极拳功夫馆，开始推广太极拳文化。

为了提高现代太极拳的实战水平，让更多的年轻人了解真正的内家功夫，在教学中，一切按照传统实战方法进行训练，使中国传统武术能不断地传承下去。

笔者不才，为宏扬前辈拳理，遂将门内练习方法加以整理，并附以体会及技击心得，编绘成书，希望读者有所收益。

限于水平，错误之处难免，请各位师友指正，以利提高。

刘骏涛

2016.2

目 录

上部 心道太极拳筑基 ………………………… (1)

基础篇 ………………………………………… (2)

第一章 去伪存真话太极 ………………………… (2)
第二章 练太极拳的三个阶段 …………………… (7)
第三章 入门功夫需口授 ………………………… (11)
第一节 心道太极拳练习要点 ………………… (11)
第二节 心道太极拳对身体各部位的要求 ………………………………………… (13)
第三节 心道太极拳的步法 …………………… (17)
第四节 心道太极拳的眼法 …………………… (19)
第四章 站桩养气筑根基 ………………………… (20)
第一节 养生桩 ………………………………… (20)
第二节 养生坐卧桩 …………………………… (23)
第三节 浑圆桩 ………………………………… (24)
第四节 背手休息桩 …………………………… (26)
第五节 技击桩 ………………………………… (27)
第六节 桩功入静法 …………………………… (28)
第五章 六面争力成浑圆 ………………………… (30)
第六章 单式练习有要求 ………………………… (36)

入门篇 …………………………………………（42）

第一章　太极拳推手的形式和作用 ……………（42）
第二章　搭手辨虚实 ……………………………（48）
第三章　松沉第一关 ……………………………（52）
第四章　谈掤论八法 ……………………………（56）
第五章　内外要相合 ……………………………（63）
第六章　粘、黏、连、随解 ……………………（66）
第七章　引、化、拿、发论 ……………………（69）
第八章　劲力走螺旋 ……………………………（74）
小结 ………………………………………………（77）

下部　心道太极拳体悟 …………………………（81）

领悟篇 ……………………………………………（82）

第一章　何谓心？何谓道？ ……………………（82）
第二章　心道太极拳的理论基础 ………………（88）
第三章　拳道杂谈 ………………………………（94）
第一节　听意打意头 ……………………………（94）
第二节　莫让丝拉断 ……………………………（96）
第三节　周身劲浑圆 ……………………………（98）
第四节　接迎一瞬间 ……………………………（101）
第五节　开合一定间 ……………………………（102）
第六节　呼吸任自然 ……………………………（104）
第七节　形散意不散 ……………………………（105）
第八节　圆空气不空 ……………………………（106）

第九节 虚实变中求 …………………… (108)
第十节 大道似水流 …………………… (110)

散手篇 …………………………………… (115)

第一章 从太极拳推手到太极拳散手 ………… (115)
第二章 心道太极拳散手训练 ……………… (120)
第一节 太极拳散手中的拳法训练 ………… (120)
第二节 太极拳散手中的腿法训练 ………… (124)
第三节 太极拳散手中的身法训练 ………… (125)
第四节 太极拳散手中的步法训练 ………… (126)
第五节 太极拳散手应用的综合训练 ……… (128)
第六节 太极拳散手的摔法训练 ………… (134)
第三章 心道太极拳散手诉要 ……………… (142)
第一节 以心意为先 …………………… (142)
第二节 间架结构 ……………………… (143)
第三节 战术原则 ……………………… (144)

附 录 …………………………………… (147)

附录一 太极拳的起源与发展 …………… (148)
附录二 张三丰太极拳论 ………………… (152)
附录三 王宗岳太极拳论 ………………… (153)
后 记 …………………………………… (154)
武道入道之道 …………………………… (156)

上部　心道太极拳筑基

基础篇

第一章 去伪存真话太极

学拳不容易，学太极拳就更不容易了。

首先是拳理难明。因为太极拳是一种特殊的功夫，是一种专门研究省力的学问。

太极拳不同于一般外家拳，只要苦练就可以了，它不用明劲、硬力，而是练习内力、柔劲。其中包含了阴阳学说、力学原理及哲学思想。这就使初学者往往在学完拳架后，对进一步学习拳理难以理解。怎么办呢？看书吧！却不知太极拳的书都不是给初学者看的，书中的话，往往因各人的悟性和理解不同，便会有各种不同的解释，如对太极拳八法的解释便千奇百怪、五花八门。可你要说书写错了，那也不对。书是有功夫的人对这一层次自身体认的记录，你看不懂是你的层次没到而已。功夫在每一阶段的体认是不一样的，有的人十年前和十年后写的东西意思完全相反，这也是很正常的。

再有，写书的人为了增加太极拳的神秘性，大到天地宇宙，小到纳米分解，无所不论，初学的人想把这些当作教材，只怕会雾里看花，糊里糊涂，贻误时间，成就不大。“入门引路须口授”，看来还是找老师问个明白才行。

除了拳理难明，就是明师难得了。

这几年太极拳发展迅速，到处可见练拳者的身影。但以我看，真有水平的太极拳师少之又少。一般的老师，只能说懂一些而已，打个基础，学个架子还行，距明师二字远矣。

就这些“小学水平”的拳师，懂那一点东西，还不一定教你呢！我就认识一个太极拳教练，在国内外都小有名气，他就亲口和我讲了“三不教”原则：一是没钱的不能教，因为你辛辛苦苦地教他，也没啥回报，白忙一场嘛，不能教；二是有钱的不能教，因为就这点东西，你都教他了，他学完就不学了；三是聪明用功有天分的不能教，他一学就会了，以后我都不如他了怎么办？不能教。

曾经有一位拳友问我：我随某某老师练了十几年，可还是不咋样，技击打不过练三个月拳击的，养生也无明显效果，这是怎么回事呢？我哑口无言，只能苦笑。

找明师不等于找名师，因为明师首先得有时间教你，现在的名师大都业务繁忙，自己都没时间练，哪有空教导学生。就说拳架吧，老师有时间有耐心，一招一式教的都很少，更不用说推手喂劲，拆招做散手了。

明师更要明白拳理，太极拳不是广播操，学完就完了，它内容繁多，相当复杂，学者必须在天天练习中不断钻研。这就要求老师必须要对拳理有深刻的认识，不断引导学员走正确的方向。

明师还要会教，有的老师自己有功夫，可就是不知表达。太极拳是哲理拳，它包罗万象，千篇一律地教，而不能根据每个学员自身的特点和悟性来因材施教，这样的老师就算再有功夫，也不算明师。

千辛万苦找到了明师，还要苦练，“功夫无为法自修”嘛。可只是闭门苦练还不行，还要出去推手实战，实践是检验真理的唯一标准，所谓寻师不如访友，你功夫怎样，练到啥程度要检验才行。

那么太极拳能经得起实战的检验吗？相信大多数初学的人都会有此疑问。

有的太极拳师经常说："我们太极拳好，博大精深，能以慢打快，以弱胜强。"但就是不能和别人过手，谁想和他试试劲，他说你还不懂呢，我和你比什么，我们练的不是一种东西，我练的这是高深的，你练的太浅，只会打，层次太低了！这真是奇谈怪论，你说你太极拳练得那么好，层次那么高，怎么还不敢和人比试呢？你说太极拳博大精深，但你一辈子也不和人交手，如何能了解别人拳术的劲路和特点呢？又如何学习他人的长处呢？不敢动手，反说别人不行，这只不过是夜郎自大、自欺欺人罢了。

把所谓"以慢打快，以弱胜强"经常挂在嘴上的这些太极拳师也根本不会实战，他们只是有种自恋的情结罢了，这种技法也不符合自然规律，是不存在的。武术从来只讲更快更强，我们太极拳也是在研究如何变慢为快，变弱为强。

经常有学员问我：这么慢悠悠的拳，有实战作用吗？答案是肯定的。长久以来太极拳是作为一种拳术而存在的，它的形成和发展是与技击密不可分的，至于太极拳练时要缓慢，是因为它的拳理与外家拳相反。

外家拳是在后天明劲的基础上，不断增强筋骨之力。太极拳则是固先天自然之力，刚开始练习时动作要舒缓圆匀，化后天僵力，养先天元气，通过长期养练结合，由舒缓中求极速，松柔中求极刚，外示安逸，内伏坚刚，不发而发，这时产生的瞬间惊弹力，可快如闪电，猛如雷霆。

“太极者，无极而生，阴阳之母也!”无极是一种空洞混浊的状态，在这种状态下，阴阳俱可包容，由无极而至有极的过程是阴阳分开的过程，这个过程的动静开合，也就是太极。太极图中阴中有阳，阳内含阴，阴阳互换，生生不息，太极拳就是借鉴于此，取法于阴阳动静之理，盈虚消长之机，附以武术技巧而逐渐发展起来的。它与凭借外力制敌的外家拳种不同，是一种养练结合的内家拳!

太极拳的技击与其他拳法的技击最大的区别在于：“人不知我，我独知人。”以拳架为根基，以推手而知变化，由散手而知应用。

拳架要吻合太极之理，阴阳变化，虚实转换，周身一家。柔顺松柔，均匀圆活。长期练习，阴阳协调，动静自然，融自身于天地，得养浩然之气。太极拳丹田之气奥妙无穷，内气越足听劲越灵。能听到彼劲始能知变化，知变化才能判刚柔，知顺背，控距离长短，如此方能百战不殆。

太极推手，粘化在手连随在步，上下相随，周身轻灵，守中用中，于静中感念对方。与来力相应不多不少，接劲丝丝入扣。虚实转环，柔而化僵。舍己从人才能引进落空，借机得势方能四两拨千斤。敌不动，我不动，我意在敌先；敌微动，我先动，我意亦在敌先。太极拳要不断推手实践才能练出知己知人的听劲功夫，只有经常与良师益友切磋，才能不断进步。

散手是推手的提升。实战之中生死搏斗，与猛兽争生存，唯精神要提得起，精气神内三合高度统一，外示安逸，内伏坚刚，生死之地，存亡之道，皆在一瞬之间矣。太极拳技击实战效果如何，只有通过主客方的实战分胜负，能战胜对方就是练功方法对，用得效果好，反之就是效果不好，用事实说明问题是唯一的原则。 大家要在习练太极拳的传统性、全面性、科学性和实用性方面下功夫，尽量了解太极拳的每个劲的技击特点，体会技击效果，发现问题，弥补不足。如果在很刻苦用功的习练太极拳以后，感觉自己提高不多、进步不快，或总是不能达到你习练太极拳所追求的高深功夫和应敌制胜的实战效果时，就要考虑所练太极拳有没有起到练以致用的应有作用？是训练方法的问题，还是拳架和推手及散手之间的衔接问题？是教练传授失误，还是老师的教学方法问题？只有在自身努力、练法科学、理想和事实达到统一时，你追求太极拳的理想效果才能在实战中实现。

第二章　练太极拳的三个阶段

跟老师学拳，先要练好拳架，把一招一式练熟之后，才进入太极拳的第一个阶段——练体阶段。

练体阶段也叫松沉阶段。在这个阶段主要练习肢体的柔顺，通过每天练习拳架和单式，在轻、慢、圆、匀中去求得自身松柔力的不断增加。在拳架初步达到柔顺后，再去追求沉稳力的产生。这时的“松柔”可能并没有真的放松。比如说，我们看见一个人在打拳，没用拙力，也没用僵力，软绵绵的，很是舒服好看。但和人推手摸劲，便用上拙力了，要硬顶了。你一摸他的劲，便摸到骨底了。我把这种外表看起来松柔，其实并没有真放松的表现叫做“假松”。松是筋骨放长之意，而不是软丢，要想真松，就先要练沉，也就是通常说的“松沉力”。

“立身中正平心静，意在涌泉把根生”，在练拳当中意念一定要放到下盘去，上虚下实，空胸实腹，架子大开大合。就像风拂杨柳，柳条虽随风摆动，根基却稳固，要有入地三尺之感。练拳的人要是根都没有，站都站不稳，还谈什么别的。

所谓松沉劲，就是放松之中有沉着，在形体上周身内外，除顶劲虚领，舌抵上腭，会阴微提外，其余身体各部分均有向下沉坠之意，功行日久，僵力自去，松沉合顺之意，油然而生。

这个阶段在推手的表现形式是“听劲”能达到“骨骼力”。

所谓“听劲”，是用眼观、耳听及周身皮肤的触觉来感知对方周身劲路各种变化的方式。感知的灵敏度，取决于太极功夫的深浅，又可分为“骨骼力”“表皮力”“毫毛力”三个时期。“骨骼力”应视为听劲功夫的起步。初练太极推手的人，对对方出劲的方向、路线和着力点往往判断不准，等劲力已加身受制时，才知被动。在对方劲力的末端，才急忙应变。这时还是圈力多而化劲少的明劲。而经过一段时间的练习，化劲渐增而圈力渐少，步法沉稳，合劲出现，是练体阶段成熟的标志。

比如我们经常看到一些大师表演，让很多人站成一排推他或单脚站立让人推，他却巍然不动，这就是松沉力的表现。在这一阶段是太极拳的基本功，除了放松的练习，还要注意内外六合的均整练习，具体练法我会在后面的文章里提到。

太极拳第二阶段是练气阶段。

说到练气，先说呼吸。有人主张一招一式去配合呼吸，我觉得这是不科学的。人的体质有强弱之分，呼吸也有长短之别，硬去配合呼吸，反而使拳架不自然。太极拳动作缓慢舒展，劲力均匀，呼吸深长，自然配合，何必强求！

在练气阶段，须求心静。心静则神宁，神宁则气归，气归丹田则神气完足，遍布全身。

太极拳的气，指的是人体中的元气，也就是先天自然之气，是人体与生俱来的。中国传统医学认为：“气为血之帅，气行则血行，气血调合，阴阳平衡。”练太极拳时应动中求静，通过以意导气，训练内在，使气血遍布全身，均匀连绵，久而久之，便可充实血脉，润泽脏腑，抵御外力。

拳论曰：“以意行气，务令沉着，乃能收敛入骨；以气运身，务令顺随，才能便利从心。”王永祥老师也常说：“以意行气，气至则力必达，气者力也。”这一时期，在沉稳力的基础上，还要加强上拔下钻的练习。总之，学者要想达到意到气到，气到力到，周身灵敏的整体反应，必须经过长期的拳架意识训练。

这个阶段在推手的表现形式是“听劲”能达到“表皮力”。学者在经过一段时间的练习后，对于一般外来的长劲，在其形成的初始阶段便能感知，明确判断出对方的虚实变化，并可做出相应的应变，这时便可进入舍骨骼听皮肤的练习了。在太极拳练至相当高明的水平后，便会感到内气充盈，筋皮骨肉有要脱离之感，肌肤表面反应灵敏。在这时已经能够根据对方的皮肤表现出的力点而变化，达到“舍己从人，避实击虚”的目的。在这时的推手练习中只给对手皮肤，而不让其摸到自己的骨骼。在运动中劲路变化不定，处处不让对手摸到实处，却能控制对手的劲路，反控对手的力点。

太极拳第三阶段是练神阶段。

在体已顺、气已足的时期，拳架已经达到上拔下钻，所谓“下穿地球上冲天”的松沉虚灵之地步，推手技击上也可化柔成刚，小有所成，自然便要追求拳理上的虚无变化了。

太极拳是意、气、神、形的运动，意为气头，气随意行，心神合一，神气合一，炼精化气，炼气化神，炼神还虚，补先天之气。其间虚无神妙，只可意会，唯靠自悟。当练至功行圆满时，凝神于天门，则身轻如羽；凝神于地户，则沉重如山；注神于气海，则可得中和之道。

在与对手推手或实战中，对其短劲、惊弹劲、爆炸劲，能够辨别出力的大小、快慢、曲折、着力点以及可能出现的各种变化，在对手劲路还未全部形成或形成初期，便做出明确判断，并予以化解控制，这时“听劲”方进入“毫毛力”。

在“毫毛力”时期，已不需与对手作皮肤上的接触，而通过毫毛或精神上的感知，便可敏锐地觉察出对手劲路的轻重虚实、刚柔顺逆、长短大小、高低左右种种变化，使其处处落空受制，顺人之势，克敌制胜。

练好太极拳，关键在于练好套路中的意念假借和推手中的意念感知，真正做到拳架上的轻、慢、圆、匀、松、静、沉、稳、实。还要不断请明师喂劲，与益友切磋。“读万卷书不如行千里路”，只有不断地在实践中体会，明确感知各种拳术、各种风格的劲路特点，才能达到“一羽不能加，蝇虫不能落”“人不知我，我独知人”“英雄所向无敌矣”的高级功夫。

第三章　入门功夫需口授

掌握和练好太极拳架的动作要领，是学习和提高太极拳技术的关键，拳架要练到周身一家、自然协调，才能为太极拳技的进步打下基础。

第一节　心道太极拳练习要点

立身中正

立身中正是心道太极拳的基本要求，也是我对学员的重要要求。所谓中正，就是要使身体不可前倾和后仰，要保持尾闾中正。尾闾中正可以保证下盘重心的稳定。脊椎和腰胯不可以乱扭动，以保证周身的稳定性。松腰坐胯，顶劲领起，内顾精神，守心静气，如此则自然能保持立身中正的状态。

连绵不断

太极拳的套路动作要连绵不断，如行云流水，又如江河奔流，滔滔不绝。以心起意，以意行气，以气运身，形断而意不断。周而复始，阴阳循环。一动无有不动，一静无有不静，动静之间意气相连，不可停顿，要源源不息，使气血流通，内劲充盈。

内外相合，上下相随

练习太极拳套路时，周身上下内外都要协调一致。内在精、气、神，外在动作中肩、肘、胯各关节的虚实变化，都要相互配合，形神一体，呼吸自然。以腰为轴，主宰全身，绝不可局部自动。由腿而腰，脊柱节节贯穿，领动周身，浑然一体，长期练习，则混元内劲功成。

气沉丹田，意在脚下

在练习太极拳时，要气沉丹田，但练拳时，切勿意守丹田，更不可用意念来引导呼吸，将气强行下压至丹田。站桩有了一定基础的太极拳习练者，是会自然的腹式呼吸的。但初期的练习者应把意念放在脚下，自然向下放松，先松内心，再松全身，气息自然下沉，注入丹田。如此练习，松沉劲可成。上身松静如柳，脚下安稳如山，太极拳功夫必然大进。

轻、慢、圆、匀

太极拳是练心、练意的拳术。在练习拳架时要保持轻松自然的状态。走架要轻，不用拙力，以意行拳。步法也需轻灵，轻起轻落，如临深渊，如履薄冰，自然举动轻灵，虚实分明。太极拳以静制动，虽动实静。练习拳架时和缓轻柔，徐徐而行，速度越慢越好，却又务求匀速，不可忽快忽慢。走架运劲圆活顺遂，劲力分布均匀，使呼吸自然深长。练完拳后感觉神清气爽，舒适轻松。

无人作有人

心道太极拳的拳架讲究以心运劲，在练拳时应感觉外在给自身的压力，如同有人在对自己不断地施加外力，又如同四周的空气像胶水般对自己加以束缚，自己则在不丢不顶的状态下，保持内在与外在的平衡。动作要沉着而不僵紧，放松而不散泄。以心起意，以意领动作，细细体察，意至气到，气到力达，日久粘劲方能生出。

拳架中的放松

太极拳是一定要讲放松的，但我发现很多在拳架中一心想着放松的人，在一学习推手时，还是“顶”和“丢”，这样的松，我叫做假松。

放松一定是先求心松，心意松，周身松。内心的放松，是真正的放松，这样才能率领全身放松，头颈、肩、胸、脊背、腰、胯、膝关节、小腿、脚底、手、肘、腕、手指各个部位都需完全松开，关节有拉长之意，肌肉骨骼要松透，松得彻底，全无阻滞之力。附以气沉丹田，松沉内劲才会产生。自此太极拳的基础方能打好，所谓小成。若无此基础功夫，绝难达到太极拳体用的上乘境界。

第二节　心道太极拳对身体各部位的要求

对头颈的要求

“虚灵顶劲”是太极拳对头颈的要求。具体要求是：头部要保持正直姿态，肌肉保持松弛自然，头部有向上顶起的感觉，避免呆板和僵硬，不可前后摇摆。

在走架时，头部时刻保持与身体四肢上下一致，头脑要保持灵敏的感应。

下颌要微向内收，口唇微合，舌尖顶住上腭，以利生津，落腮以保持肌肉放松。

颈部要自然竖直放松，不可紧张，转动灵活，不可僵硬。

总的来说，对头部的要求主要是：虚灵顶劲，下颌微收，目视前方，舌顶上腭，落腮闭唇。

对胸背的要求

太极拳对胸的要求是要含，对背的要求是要拔，正是所谓“含胸拔背”。胸部含虚，可使呼吸自然深长，重心下降，有利于气沉丹田。但不是故意的内缩，如形成驼背就不对了。拔背是要舒展松沉，以利气血贴于背，保持脊背的相对端正。“拔背”不是指背部的上拉，也不是前拉，而应是脊骨的拉长和延伸。

总的来说，“含胸拔背”是指胸背部要虚松，脊骨要放长，气要下沉，不可鼓气于胸。

对肩肘的要求

“沉肩坠肘”是太极拳对肩肘的共同要求。具体是指两肩关节要向下、向外松开，两肘关节要向下沉坠。

沉肩坠肘，两臂才能圆顺松活，肩臂关节亦可节节贯穿。如耸肩抬肘，则心难平顺，力难伸展，影响周身协调，也易被人擒拿。在练习拳架时，要注意两肩关节的放松，向外引伸放长，使之逐渐拉开。两肘则有沉坠之意，除有利于合劲的产生外，亦有护肋之功效。

总的来说，对肩肘的要求，主要是“沉肩坠肘”，关节松开，有放长之意。腋下要空，留有一定空隙，以使手臂圆转如意。

对腕指手法的要求

很多的太极拳老师在教学时都认为要“坐腕”，我却不太同意。因一旦“坐腕”，手部必然僵硬，难以放松，这就违背了周身俱要放松的太极拳理。

心道太极拳采用了“直腕”的概念，使手与臂能浑然一体，圆转自如，以利“劲达于梢”。

腕部具有一定柔韧性，灵活多变，但须结合身法，使之不失去太极内劲。对手指的要求是自然放松，而又要保持一定的韧性。意气到指尖，有鼓荡之感，不可使手指僵硬，而失去弹性。手指自然伸直，拇指不可分得太开。

心道太极拳对手法要求很高，因为它不仅涉及拳架的规范和正确，而且对于技击也会起到很大的作用。心道太极拳的手法是太极拳八法掤、捋、挤、按、採、挒、肘、靠的实施关键。在拳架中主要有掌推、拳打、指插、刁挂等。拳：是以四指并拢卷曲，指尖扣于手心，拇指卷曲贴于食指与中指中节指骨上，不可握拳太紧，以防手臂僵硬。立掌：一臂侧向平伸，屈臂，掌心向内，四指靠拢，拇指略贴食指，四指内合，掌心微空，五指尖向上立起。切掌：小手指外沿直向下或向前下方，掌心向内，四指并拢，拇指自然伸展，直腕，松指。意念在小指外沿。瓦垄掌：拇指与小指有相合之意，中指、食指、无名指微向外翻，掌心要虚空，不可用力。插掌：五指自然向上或向下直插。勾手：五指捏拢，腕微屈放松，五指不宜捏得太紧，以虚捏为好。各种手法的变化，都要以圆走弧，不可直来直去。

对腰、腹的要求

在心道太极拳的练习和运用中，腰的作用是非常重要的。“练功不活腰，终究艺不高”“处处留意在腰间”，这些拳谚都说明了腰在武术中的重要性。

腰劲要下塌，是心道太极拳对腰的主要要求。在含胸的同时，向下塌腰，自然松垂，不可前挺。使心气下降，两肋内收，命门后突。腰部贵在沉稳，虽然在练习拳架时，也有伸缩和转腰的动作，但也要力求中正，不可随意扭动摇摆。

太极拳对腹部的要求，主要是“实”，正所谓空胸实腹。气沉丹田，元气贯注于腹，在练习太极拳发劲时，周身运行对外发放，皆起于此。丹田内爆，有张有弛，是所谓“中气存于中，虚灵含于内”。

对裆、胯、膝、臀及脊柱的要求

心道太极拳对裆的要求是圆裆。圆裆就是指两大腿与两膝盖要撑开、撑圆，而有相合之意。胯关节与臀部肌肉要放松，不可僵硬，不可死顶，要有圆虚之感，避免出现尖裆。会阴部要微微上提，虚实变化时，需走下弧线，避免“死裆”不动。头顶百会穴与会阴上下呼应，以利于立身中正。

心道太极拳对胯的要求主要是松胯。在练习拳架时，身体中正安舒，膝盖垂线不能超出前脚尖，胯部向后沉坐，如坐高脚椅一般。胯关节放开而又不失相合之意，并与肩的放松形成呼应之势。另外，一定要避免在走架或推手时出现顶胯的现象。

心道太极拳对臀部的要求是溜臀。要注意收敛，不可向后突起，练拳架时切忌摇摆歪扭。脊柱部要保持正直，不可左歪右斜。

太极拳是在松胯屈膝的基础上来保持立身中正的。在拳架练习时要注意膝的弯曲度，并保持一致性，不可忽高忽低。两膝还要微微相合，以利于护裆。

裆、胯、膝、臀及脊柱部位，在心道太极拳中占有非常重要的作用。它们相互关连，相互制约，任何姿势的正确与否都会影响周身的协调和身体的中正。

对拳架中内外缠丝劲的要求

心道太极拳的训练方法中，十分重视内外缠丝劲的运用。外缠丝劲在拳架中主要表现为顺逆缠丝。现也略作介绍。

顺缠：是由外向内旋转，以小指领劲内含并与拇指相呼应，其余三指略有外翻之意。顺缠法是以手带臂，以臂带肘，以肩随腰，达到顺缠引进之目的。

逆缠：逆是顺的反面，为由内向外旋转，逆缠时以拇指内合领住劲，并与小指相呼应，其余三指略外翻。劲起于脚，行于腿，主宰于腰，达于手指。逆缠法是以腰催肩，以肩催肘，以肘带手，劲力外开。

内缠丝劲者，要全身放松，以心领意，运劲如抽丝，周身轻灵，以心意领气如游丝，可发可守，可缠人而人不知，此功非细细体察不可得。

第三节　心道太极拳的步法

全身之根在于步法，步法变化是劲力传递转换的基础。太极拳的步法为进、退、顾、盼、定。进步向前，退步往后，左顾向左，右盼右行，中定安然。走架时步法协调稳定，与周身配合，可得全身协调。推手技击步法尤为重要，是训练轻重置换、力源传递、走位化劲、夺位抢中的关键。不知步法不能实战，现代推手常讲定步推手，动步为输，此不明太极拳阴阳转换之妙。还有就是老师固步自封，不喜教步法，所谓“教拳不教步，教步打师父”。学好步法之运用，学者的太极拳功夫必然大进。在此介绍拳架中的步法，可单独练习，为技击步法的基础。

进步：后脚前进一步，或前脚前移半步。落地要轻，不可抬起太高，徒具外形好看，而失去隐蔽性。

退步：前脚或后脚后退一步或半步，身子要正，重心要转换至后腿，背向后靠，后坐。

跟步：后脚在前脚向前进步时跟进半步，或后脚在退步时前脚跟退半步。重心都在后脚。

侧行步：两脚平行侧向移动，或左右前后斜角移动。

盖步：一脚经支撑脚前横落。是太极拳低暗腿的用法，在技击中，多与手法配合使用。心道太极拳不讲招式用法，注重自然打法。因此只在此略作介绍，下文不再讲解了。

摆步：上步落地时脚尖外摆，与后脚成外八字。

扣步：上步落地时脚尖内扣，与后脚成内八字。

中定：是步法也是身法，在原地靠脚掌和两腿的虚实变化，来改变身体的重心。

以上各种步法，可在拳架中练习，也可单独练习，均要求迈步如猫行，轻稳灵活，转换重心，虚实分明。前进时，脚跟先落地。后退时，前脚掌先着地。不可抬起太高，最好与地面有轻微摩擦感，重心移动要平稳均匀，要如履薄冰，感到有危险时可以随时改变步法。步法的技击及其在推手中的练法下文中还会具体讲到。

第四节　心道太极拳的眼法

太极拳中的眼法，关系到拳架中的韵味、推手中的听力和实战中的打击效果。心道太极拳讲究临敌时神意要领起，遇敌如同火烧身，主要是通过眼睛来表现的。在拳架中，眼神不要死盯一点或只看手。眼睛应看着你将要攻击的点，也就是下一个动作将要进攻的方向。眼睛的余光要能观察周围环境的变化，又要与神意相合，含蓄内敛。推手技击时，通过听力练习，眼神可观察对手意念的变化，判断对手的思维方向。用眼凝视对手，洞察心肺，犀利无比，摄人魂魄。

第四章　站桩养气筑根基

近几年来，站桩的练功方法为越来越多的人所认识，站桩出功夫已经是内家拳术习练者的共识。大多数练习者一上来就说自己站的是浑圆桩，可何谓浑圆却说不上来。只是不断加时间硬站，一定要用站多久来说明自己的功夫，却不知这就是所谓的“站死桩”，这样长久练习不但无益，反而有害。

站桩需从养生桩入手，先求气顺，由松入静，气实丹腹，方可再求浑圆。养生桩是心道太极拳养生的基础功法，养生又是太极拳可以技击的先决条件。可以说不重视养生桩就达不到拳法的浑圆状态，也就出不来浑圆桩，浑圆桩是太极拳的入门功夫。我有幸随意拳恩师王永祥先生练习桩法，苦修十余年，深感桩功奥妙无穷。习练太极拳是离不开桩功的，它可大大提高太极拳的练习效率。桩功和太极拳相辅相成，可产生令人惊叹的效果。

第一节　养生桩

养生桩顾名思义是调养生命之意。其功是形体不动，以神意诱导来放松精神，而使练习者达到气血通达、却病健身的效果。

站立间架

两腿开立，与肩同宽或比肩略宽，早晨练功时尽可能面向东方，在前方远处选一标的物为目标，平视目标物，头正项直、下颌微收、两膝微屈、含胸拔背、命门向后填满，溜臀，五指自然分开，两手臂环形抱于腹或胸前，高低可自由调节。初学者可放低处，以呼吸顺畅、胸肩不紧为准。手掌心向内(放低在腹前者，手掌心向上)，两肩两肘放松下坠，两上臂之间有相合之意，上、前臂之间关节角度应略大于 90° 。腋下含虚，如夹两小球。重心在前脚掌与脚跟之间，以大小腿放松平稳为宜。

外在感应

站桩时需选空旷、气息流通之处，周身放松，与外界自然呼应。宇宙天地间，只有自身，无限放大，又不执着自身。既要意在身外感应外界的变化，应变化而微动；又要收视而听内，外界自然寂静，无感无应，神意无牵无挂。与外在要产生和谐，与万物相容，天人合一之谓也，有不舒适处要即刻调整，以放松自然舒适为准。

内在意念

呼吸以深长、细慢为宜，以腹式呼吸进行丹田内调，但不可意守丹田。站桩不是气功，以自然呼吸为好，不可导气。放弃杂念，平心静气，扫除尘俗万虑，逐渐忘却自身，不可执着，不可强求。初学者如暂时不能入静，可先守静听微雨，以求安静放松。

站桩时应全身放松，头颈上领，脚下微沉。从头上开始，全身关节、肌肉，均需节节放松，以不紧不僵硬为宜，身体不可晃动，保持平衡。

空胸实腹，以养丹田，丹田实则元气足。往脚下放松，则气可自沉。肢体如有僵紧不通之处，万不可以意气冲之。

站养生桩的时间

初练习者的站桩时间应该根据每个人的身体情况量力而行，要寻找站桩的舒适感，而不要为了站桩而站桩。最好是忘了站桩，要为了舒适的感觉而站桩。所以我认为刚开始每次站桩时间以 5 ~ 10 分钟为宜，哪怕好的感觉只有两分钟，那就站两分钟好了。如出现心烦意乱、肩紧背痛、两脚发抖的现象时，应立即停止站桩，休息一阵后再开始练习。随着舒适感的增加和体质的改善，站桩时间也会逐渐加长，如能一次站桩25分钟，感觉良好，周身不僵紧，这时就可加长时间到 45 分钟。15 ~ 25 分钟是一个阶段，45 分钟又是一个阶段。

站桩体感

站养生桩会出现各种体感，虽然会根据个人的特点而有所不同，但初学者的大多感觉还是有相同点的，包括麻、涨、痛、热、重、胸闷、抖动、幻象等。

站桩出现某处痛时，为不通现象，很多为旧伤或为暗伤所致。胸闷为呼吸方法不正确或不习惯腹式呼吸所致。抖动为身体疲劳或紧张所致。麻为气血不通所致。上述感觉均是初学站桩者要经过的阶段，随着练功时日的增加，这些感觉均能逐渐好转和消除。如果练习一段时间后这些感觉不但没有减轻，反而有加重的现象，这就是不正常了，大多是站桩时的要领没有掌握，或是单纯追求站桩时间，使肢体超过了这一阶段的承受能力。出现了这种问题，一定要请教好的老师，请老师指导练功，以从根本上找出原因，解决问题。

在站桩时如出现打嗝、出汗、出虚恭、肠鸣、骨微响等现象，均为气血通畅，是正常的。如出现热、涨、轻松、舒服等感觉，说明练功有所进步，这时可以适当增加站桩时间，而身体也可以适应增加的强度，周身有热流流动，这时养生桩的基础就打好了，继续练习，自会达到更高的层次。

第二节　养生坐卧桩

养生坐卧桩适合年老体弱者，效果不如站桩明显，可作为练站桩的辅助功夫。但对久病缠身者功效很好，并对治疗失眠有特效。

卧桩

面向上仰卧于床上，枕头要柔软、不能过高，身体端正，脊椎节节对准。眼和口微闭，鼻自然腹式呼吸，舌抵上腭，全身放松。两膝关节处弯曲大于90°，两脚左右分开，比肩略宽，脚跟处放于床上，脚尖有上勾之意。两手臂抬于身体胸前部位，指尖自然略向内，掌心含虚向胸前，如抱球状。从头到脚，需节节贯穿。关节处都要有松开之意，全身毛孔有张开之感。意念自上而下，处处放松，不可有丝毫用力之处，心静神凝，卫气循环。

坐桩

坐于椅上，头顶微向上领劲，下颌微收，两目平视，直颈，上身端正，不偏不倚，空胸实腹，含胸拔背，自然腹式呼吸。两手臂抬于身体胸前部位，指尖自然略向内，掌心内含虚向胸前内抱球。两脚左右分开，比肩略宽，膝关节弯曲大于 90°，脚跟贴于地面，脚为外八字形，左右脚尖向身体前方左右两侧，脚尖与脚背向小腿方向回勾，不可着地，全身只有脚跟着地。

周身如有不得劲处，即可调整，使之舒适自然。处处松紧相宜，有疲劳紧张处，及时放松，心平意静，浑然忘我。脚尖上翘不可用力，应在练习体认中逐渐加大，以体知松紧关系。

坐卧桩感觉与站桩相同，均会出现麻、热、涨等体感。养生桩是以养气为主，以练功为辅，由养入练，以练为用，功深日久，可强身却病。内养丹田，以丹田为基础，气贯带脉，滋养营卫二气，为下一步练好浑圆桩做好准备。

第三节　浑圆桩

养生桩到了一定的阶段，会自然感到体质的改变，同时内在的热涨感觉会更加强烈，意气下沉，肩部放松，双手会自然上抬，腹式呼吸顺畅，双手抬高也不觉憋气，丹田元气充足，任脉及带脉贯通，这时可练习浑圆桩。

站桩要求

两腿开立，与肩同宽或比肩略宽，早晨练功时尽可能面向东方，在前方远处选一标的物为目标，平视目标物，头正项直、下颌微收、两膝微屈、含胸拔背、命门向后填满，溜臀，五指自然分开，两手臂环形抱于胸前，掌心向内微下方，如抱一球，球的大小可调节，视每人练习状况而定（练功越久，球体会自然膨胀放长），两上臂微夹球体表面，前臂和手掌微拂球体表面。两腋下虚空，如夹小球。全身外撑内裹，抱六撑四，筋肉骨节处处争力，保持浑圆状态。体会松而不紧、紧而不僵的感觉，在松紧中感觉“静中育动”。周身皆有弹簧力，可无限大，可无限小。阴阳交替，无始无终，似动非动，似静非静。浑圆功成，则可得桩功技击克敌制胜妙法。

意念感应

内外在感应与养生桩要求相同，唯要加入意念的上下、前后、左右的争力诱导训练，后面的六面争力训练中会专门介绍。

这时身体内部的热流感会不断增强，浑身有如气流运行，如在有经验的老师指导下，可进行丹田元气的发散练习，这里不做介绍，以免误导，发生偏差。

这时出现的热、涨、轻松、舒服等感觉，都是正常的。练习者每个阶段出现的感觉是因人而异的，要及时请教有经验的老师，不可自行加入意念，过度追求感觉而忽略了正确的桩功要领，使练功时出现偏差。

练功时间

站浑圆桩的初学者应以 30 ~ 45 分钟为准。如不到 30 分钟就出现心烦意乱、肩紧背痛、两脚发抖、胸闷呼吸不顺畅等现象，说明养生桩还需练习，应放低双臂，继续站养生桩。如超过 30 分钟出现上述现象，应减少练功时间，掌握松紧度，不可故意用力，调整呼吸，以求进益。习练者需逐渐加长站桩时间，超过 45 分钟仍能不酸不累，感到舒适、精神好、有愉悦感，再增加练功时间就很容易了。

第四节　背手休息桩

两腿开立，与肩同宽或比肩略宽，早晨练功时尽可能面向东方，在前方远处选一标的物为目标，平视目标物，头正项直、下颌微收、两膝微屈、腰部和命门部微微后仰。左右两手背于身后，手背和手腕贴于后背腰肾处，两手手掌虚空，手指自然弯曲，如握球状。肘部弯曲小于或等于 90° 。

此桩为休息桩，疲劳或过久站桩后休息时练习，也适合腰肾不适者的调养，对驼背及肩、背、腰等处的酸痛有治疗功效。

应每次于站养生桩或浑圆桩后练习，时间以 10 ~ 15 分钟为宜，如腰、肾不适者应延长到 20 分钟以上。

第五节　技击桩

技击桩是以站桩形式训练实战技击意识，培养浑圆劲在技击中的应用的基础。技击桩法必须在养生桩和练习了争力的基础上，并具备了一定的浑圆劲后，才可以练习。

站立间架

先站立浑圆桩，在浑圆桩的基础上，左脚向左前方上一步，两脚间距比肩略宽，左脚掌略向左外侧。右脚掌随左脚掌向内转动，幅度与左脚掌相同，与右膝盖方向一致。身体随左脚向左侧扭转，头部也随身体向左，眼睛看左脚尖所指的方向。此时左腿在前，膝部微屈，向前有顶劲，切不可塌膝。右腿在后，膝关节弯曲度大于前腿，微微有内扣之意。坐胯，命门后顶，溜臀，头正项直、下颌微收、含胸拔背。前后腿重心为后七前三。两手臂亦随身体转动，左手臂在前，右手臂在后，前手掌心向内，与头部高度一致，肘关节弯曲大于90°，沉肩坠肘，肘要低于手。后手臂向内环抱，手掌心对准右胸前方，肘关节弯曲小于90°，沉肩坠肘，肘要低于手。十指自然分开，微向内屈，掌心含虚。两腋下含虚，双臂如抱球状，要求同浑圆桩，呼吸要求同养生桩。

意念感应

此桩意念假借应为，如临大敌，前有毒蛇猛兽，强敌环绕，与敌狭路相逢，不进则亡。外在意念注入敌身，内在养我安然之气。眼睛从前手拇指边向外凝视，目光专注。间架气势英勇豪迈，具必胜之信念。而精神放松，体察敌方细微之动，掌握制胜之先机。

注意事项

此桩左右式要求相同，唯体位相反，可左右式交替练习。练功时间应与浑圆桩相同，也可略少。习练者不可执着于外形，要“不求形相似，只求神意足”。

第六节　桩功入静法

桩功的入静是非常重要的，能入静的练习者可以很快找到感觉，效果就很明显，反之练功的效果就要差很多。入静是要凝神、静气。很多练功者天生喜静，这样的练功者只要平心静气，按照要求做好功法的放松，感到放松到脚，就能排除杂念入静练功了。如感到还不能入静，可用深呼吸，默想向脚心放松沉气，使精神放松达到入静的状态。如用这种沉气法仍不能入静的话，说明练功的人难以专心，这时可用精神假借的方法入静。

静听法

眼神内敛，静听外界的微微声响，“守静听微雨”，想象细雨随微风飘落，集中精神听细雨落在地上的声音。意念不宜过重，细细体会即可。

假想法

想象自己在空旷的平原上站桩，身体越来越膨胀，天地之间只有自己，自由自在，无拘无束，天地之大任我翱翔。也可想象青山绿水，花香怡人，自己如游鱼一样，自由地在水草间游动。意念也不可过重，全凭忘记自身，寻找自由的感觉，才可入境。

远视法

在远处看不清的地方，选一目标凝视，想象可以看清，眼微睁即可，不可意念过重，注意眼部的放松。如眼睛疲劳，可慢慢闭上，休息一会继续练功。闭眼时站桩可以继续。

以上的方法都是帮助站桩入静的，而不是必须的。如练功者已能很好地入静练功，就不必再使用以上的方法了。

第五章　六面争力成浑圆

争力是训练出浑圆力的关键，也是历代拳家的不传之密。

我们说的争力就是相反而又统一的矛盾力。它是由意念控制体内的矛盾力然后与外界的抗衡之力。它是在意念的指导下，对于人体可控肌所进行的一种训练活动，并要与外界假借物体的推拉牵扯，由空气阻力摩擦感应而产生的既矛盾又统一的整体力。

太极拳有“欲右先左，欲左先右”的说法，于细微处俱要有虚实，六面争力训练是解决力由单面向整体最后到达浑圆的重要方法。所谓六面，就是指前、后、上、下、左、右6个方向。在拳架套路练习中，要注意将六面的争力在每一个动作中体现，也就是说，太极拳的每个动作都是整体的运动。初学太极拳者往往只注重招式的正确与否，而忽视了太极拳整体劲的产生，这样拳架虽然打得很漂亮，太极拳的浑圆劲却难以上身。

练习争力先要练习单独方向的相争，然后进行六个方向的组合，还要老师的弹性喂劲，才能在缓慢的运动中找到浑圆。

前后争力训练

间架结构

以站桩的要求调整自身，周身放松，勿使有僵紧之处。然后将左脚向前方迈一小步，重心仍在右腿，前膝微前顶，后膝弯曲，前脚脚前掌为实，脚跟为虚。两眼平视正前方，头正微微向上顶劲。身向后坐，重心后七前三，含胸实腹。两手置于身前，与腰肋同高，手掌向下，指尖向前，自然松开。两肘置于两肋旁，与手相平。

动作要领

后脚缓慢向后蹬地，前脚尖向前用力撑地，重心慢慢前移，同时身体、手臂、手掌均向前移动，在向前移动时，手臂与身体的距离要保持不变，力由后腿蹬地产生，运行于腿，以腿催身，以身催臂，达于手指。待两脚重心达到前五后五时，周身停止向前，改为前脚尖向后扒地，后脚向前合力，重心慢慢后移，同时身体、手臂、手掌均向后移动。在向后移动时，手臂与身体的距离要保持不变，力由两脚相合产生，两手有向后拉扯之意。待两脚重心达到前三后七时，周身停止向后，转而重复向前，反复练习。注意由前往后转换时不要有明显停顿，前腿膝盖始终保持向前微顶的状态。

换右脚在前的争力练习时，动作要领完全相同，习练者换脚练习即可。

意念假借及练习要求

意念假借为两脚之间的地面有一横向裂缝，向远方无限延伸。向前时重心三七到二五，应想象缝隙被自身的两脚撑开，随着后踩前撑的加强、身体重心的移动，两脚间的缝隙越撑越大。反之，向后时重心二五到三七，应想象缝隙被自身的两脚合拢，随着两脚相合力的加强、身体重心的向后移动，两脚间的缝隙越撑越小。

意向前必有向后之力，意向后必有向前之劲。前后移动务须整体协调。意动为先，形必相随。长久反复练习，越来越慢，到蠕动而体认其相争之奥妙。

练习前后争力时，左右式要平均分配时间，两脚交替练习，不可只练习一侧。练习时间以每次 10 分钟为宜。

上下争力训练

间架结构

以站桩的要求调整自身，周身放松，勿使有僵紧之处。然后将左脚向前方迈一小步，重心仍在右腿，前膝微前顶，后膝弯曲，前脚脚前掌为实，脚跟为虚。两眼平视正前方，头正、微微向上顶劲，身向后坐，重心后七前三，含胸实腹，两前臂竖立于胸口两侧，两手掌心相对，手掌自然张开，高度置于脸颊两侧，虎口张开，拇指微内扣，其他手指有向上之意。上臂贴近身体两肋，勿贴紧，臂弯夹角小于 90°，腋下含虚。

动作要领

后脚缓慢向后蹬地，前脚尖向前用力撑地，重心慢慢向前移，同时，头顶与手指领劲，周身上拔，力由后腿蹬地产生，运行于腿，以腿催身，以身催臂，达于手指。在向前和向上移动时，手臂与身体的距离要保持不变。待两脚重心达到前五后五时，周身停止向上，改为前脚尖向后扒地，后脚向前合力，重心慢慢后坐，同时身体、手臂、手掌均向下沉，力由两脚相合产生，两手有向下拉扯之意。待两脚重心达到前三后七时，周身停止向后，转而重复向前，反复练习。注意要始终保持虚灵顶劲，向上时要有沉坐之意，向下时又要有上托之念，在矛盾中寻找整体均衡之道。

换右脚在前的争力练习时，动作要领完全相同，习练者换脚练习即可。

意念假借及练习要求

意念假借为两脚之间的地面有一横向裂缝，向远方无限延伸。向前时重心三七到二五，应想象缝隙被自身的两脚撑开，随着后踩前撑的加强和身体重心的移动，两脚间的缝隙越撑越大。反之，向后时重心二五到三七，应想象缝隙被自身的两脚合拢，随着两脚相合力的加强、身体重心的向后移动，两脚间的缝隙越合越小。

两手臂及脊椎向上时，意念假借为向上托举千斤之物。待到脚下重心二五之时，两手臂及脊椎下沉，意念假借为千斤之物下压，自身用腰胯相合之力相接。

意向下必有向上之力，意向上必有向下之劲。前后移动上下开合务须整体协调。要做到蓄力乃起，意莫独行。

练习上下争力时，左右式要平均分配时间，两脚交替练习，不可只练习一侧。练习时间以每次 10 分钟为宜。

左右争力训练

间架结构

以站桩的要求调整自身，周身放松，勿使有僵紧之处。然后将左脚向前方迈一小步，重心仍在右腿，前膝微前顶，后膝弯曲，前脚脚前掌为实，脚跟为虚。两眼平视正前方，头正、微微向上顶劲，身向后坐，重心后七前三，含胸实腹，两手臂自然下垂，置于两大腿前外侧，两手掌心向后，手掌自然张开，虎口张开，拇指微内扣，腋下含虚。

动作要领

右脚外侧缓慢向外蹬地，左脚前掌亦向左扒地，两腿同时外撑，两膝却又有相合之意。周身向左缓慢转动，力起于脚，运行于腿，以腰胯为主宰，带动全身，以身催臂，达于手指。在向左移动时，手臂与身体的距离要保持不变。待两脚重心达到前五后五时，周身停止向左移动，改为原路线返回运动，这时两脚劲力改为向内相合，而两膝有外撑之意。待重心转回原点时，周身停止向右，转而重复向左，反复练习。注意两胯不绷拧紧，要保持放松和弹性。两手臂不可伸直，要微微弯曲。周身整体运动，不能某处单独运动。

意念假借及练习要求

意念假借为两脚之间的地面有一竖向裂缝，向远方无限延伸。向外时两腿重心三七到二五，应想象缝隙被自身的两脚成扇面状撑开，随着两脚外撑力的加强和身体重心的移动，两脚间的扇面缝隙越撑越开。反之，两腿向内合时重心二五到三七，应想象扇面缝隙被自身的两脚合拢，随着两脚相合力的加强、身体重心的移动，两脚间的扇面缝隙越合越小。

意念转换时运动莫要停顿，意、形应合为一体，在练习过程中多注重放松和整体运动。

练习左右争力时，左右式要平均分配时间，两脚交替练习，不可只练习一侧。练习时间以每次 10 分钟为宜。

六面争力的整合

前、后、上、下、左、右 6 个方向的三种争力练习，既是单独的又是相互关联的。我师父说：“三个争力要单做，最后组合成浑圆。”三种争力只是把架子撑起来，我们还要练习着把架子间的空隙填满，在老师的帮助下体验各个方向对自身的压力，等到一举动或是随便一站，便是周身一体，有左必有右，有前就有后，有上拔就有下钻，劲路贯穿全身，就像广场上的雕像，给予从各个方向来的力的反作用力都是相等的，这才算具有了浑圆劲。

浑圆劲为历代拳家所重视，很多拳学家干脆用浑圆来命名自己的拳，以强调对浑圆劲的重视。但现在很多“大师”竟然不知六面力为何物，我曾听某太极大师演讲时，解释六封四闭，竟只谈招数的打法，当问他为何叫六封四闭时，他竟说是因为河南话六和如不分，这样的大师真不知要把传统武术引向何处。

第六章　单式练习有要求

单式练习是太极拳练好技击实战功夫必不可少的基本功。太极拳的各种技击方法和劲路都要在单式训练中体会，如掤、捋、挤、按、採、挒、肘、靠八法劲和进、退、顾、盼、定五步法，踢、打、摔、拿等打法，合、化、粘、引、发等功法，这些都是需要有经验的老师在单式教学中认真讲解，学者反复实践练习，才能了解的，这样接下来的推手和散手训练就能事半功倍了。

太极拳在以前本有“老三刀”之称，动作很少，注重实用，除了云手练习阴阳变化之外，只有护心、撇身二捶的打法。现代的太极拳套路动作繁多，动辄七八十式，少的也有四五十式，这样整体练习一遍所需时间很长，拳架出功夫没错，但是如果单就每种劲的练习效果来看，就不如多下功夫练习单式了。我一直坚持长套路不如短套路，将每个动作的要求，反复练习领悟，同时兼顾套路练习协调性的目的，在教学实践中效果是很好的。我根据太极拳初学者所需掌握的各种技术要求，总结出来心道太极拳十九式，它可组合练习整体协调性，也可每式拿出来单练。每一式偏重练习的重点都有不同，有的注重身法，有的注重引化、打法等，学者要把各个动作的劲路和关键都练通，逐式苦练，定能收获到明显效果。

第一式　太极起势

此式为阴阳开合之势，向上时如水负舟，下按时如按球入水，向上则周身劲力下沉，向下则顶劲上领，阴中含阳，阳内藏阴，太极初始，柔中育刚。习练时立身中正，意念下沉，呼吸自然。

第二式　怀中抱月

此式为浑圆状态之劲力外放桩法，抱元守一，气沉丹田，营卫二气分布周身，内抱外撑，松紧有度，单式习练时方法如浑圆桩。

第三式　怒海观潮

此式分左右，前半招为左右斜飞打法，融挤、捌、採、拿为一式，用时快摔巧拿，练时平心静气、均整沉稳。后半式进退有序，只在方寸之间。定势如抱婴儿，如紧实松。习练时敌力来则先吞后吐，蓄而待发。

第四式　黑虎搜山

此式为引进落空打法，进步必跟，退步必随，翻身劈打。习练时旋转要稳健，周身相随，化打连贯，身化时化到八成，引化时要化到极致，当敌落空时，即可用中，“跟步急进抢中位，手脚齐到方为妙”。

第五式　移海推山

此式退步定势为技击桩法，内有撑抱，外有钩挫之力。外展如雄鹰展翅，合击似猛虎出山。习练时粘身劲发，前推后坐，争力均匀，“上步合力去推山，恨不一下即推翻”。

第六式　燕子归巢

此式击上而打下，上虚而下实。如空中飞舞盘旋的燕子，突然直插地面。习练时身体束身发力，出拳隐蔽藏于圈中，跟步均整，含胸裹劲，气宜下沉却又有拔地欲飞之势。

第七式　迎风挥浪

此式为三角退步搂手扇打法，三角进退步为实战中的重要步法，习练者应在老师的指导下重点练习。单式练习时可进可退，搂手退步或进步时左右互换交替发力，要利用大地的反作用力，如海底翻浪，呼啸而至。

第八式　进身平捶

此式为上步连环打法，进步时后脚猛踩对方小腿骨，同时对其胸腹部连续用拳发力击打，进步要稳，发力时重心在后，注意对拉发力。单式习练时应反复左右拳练习对拉整体发力。

第九式　白蛇吐信

此式为太极拳接力缠身打法，以臂缠、腿锁封闭对手劲路，伤其双眼，关键在于敌进我进，达到“套其侧而控其中”的目的。习练时注意上步的时机，所谓“手到脚到身也到，打人如同开玩笑”，要求听其意、缠其身、控其步、断其劲。

第十式 金风摆柳

此式要求全身如春风拂柳，上身随风摆动而根基却稳健如山，翻身下劈时身法步法协调。此式对身法的协调能力要求极高，是太极拳实战身法的基础功法，要求反复练习。

第十一式 玉女献书

此式虚上而实下，神宜内敛，气宜下沉，吐胸口残气，养丹田浩然。习练时身随步进，推手时呼吸深而细长，所谓“气沉丹田”，万不可胸部发紧，气浮于胸。

第十二式 金鸡展翅

此式前为束身缠裹，后为展开挑打，束身为接力整合，缠裹为缠拿劲路，收是为了进，裹是为了放，上步虽只上半步，却控制中线，为肩肘的靠劲创造了条件。单练时要注意重点不在挑打，而在于裹劲缠丝和靠劲的发放。

第十三式 鹞子翻身

击前而打后，转后而攻前，虽受夹攻而形神不乱，扣步要及时，摆步要得当，拳肘发劲均整连环。单式练习时注重扣摆步的练习，定势时气沉丹田，发力时整体对拉。所有动作均重心在后，以求相争。

第十四式 降龙伏虎

此式亦为太极拳近身打法，手打、膝顶、脚踩均需完整一致，近身短打，小巧灵活，擒拿控其一点，制其全身。

第十五式　无风起浪

此式在于腰脊有拧摆之力，手随身动，身随步转，如随风浪摇摆，所谓“身动挥浪舞，意力水面行”。习练时蹬脚果断，定势时气血下沉。

第十六式　金刚怒目

此式有上拔下钻之意，向上则风舞九天，向下则安稳如山，气需下沉，神意外放。

第十七式　勒马惊风

此式重点在于“引进落空合即出”的太极拳化打合一的技法练习。引即是化，化即是打，化为的是使敌落空，落空处便是其薄弱处。练习时需体认化打合一的运用。关键在于腰腿前后移动产生的相争力，向后相争将敌来劲引进，使其落空；向前相争时，腰腿接地面反作用力并产生旋力将敌击出。单练时，需左右互换，身法步法协调。此式运用方法便是太极拳吞吐的基础功夫，是太极拳能否练出后期高深功夫的关键。

第十八式　龙翔万里

此式即意拳之神龟出水，重点在于上下对拉，前后相争，左右撑圆，太极拳提、顿之力相互交错，借地面反作用力，周身关节节节上拔，虚灵顶劲却又有松沉之劲。如海龟游于水面，时浮时沉，欲沉又浮，夹浪扬波于水面。单式习练时须左右互换交替练习，体认身法旋转提敌之劲的妙用，藏身而后起，前应而复后，如龙翔于万里，忽隐忽现，或动于九天之上，或隐于深渊之下。

第十九式　万宗同源

此式即为太极拳收势，太极拳道，“法虽万千而理为一贯”。收势之法，平心静气，呼吸顺畅，周身舒适，精神愉悦而已。

入门篇

第一章　太极推手的形式和作用

太极推手是运用太极拳的实用技巧和原理进行模拟实战的形式和方法。它是建立在不用护具的状态下，充分运用太极拳的阴阳转换运动和摔、拿、打、锁等技术的技击方法，具有安全性和实用性的特点。

太极推手的基本要求与太极拳架的要求基本一致，都是要求虚灵顶劲、含胸拔背、坐胯圆裆、沉肩坠肘等。太极推手还是检验拳架的标准，如拳架有问题，那推手就一定有背式，可以说不练太极推手就一定练不好太极拳。

练习太极推手要以实战作为目的，可又不等同于实战，它是太极拳能否实战的重要训练手段，是太极拳独特的技击方法在实用上的实际体验，所以太极推手在每个阶段训练的方式和目的是不同的。练习太极推手的人对动作要求都应该有所了解了，所以我只对太极推手基本的方式方法中要注意的技术细节和练习的主要目的、作用进行讲解。

单手平圆练习法

单手平圆推手是练习太极推手的第一步，既然是第一步，它就已经包含了太极拳的技击原理，那就是舍己从人、借力打力。单推手的学习目的很简单，就是要习练者知道中线是哪里，要找到和推到对手的中线，并保护好自己的中线。

首先保护自己的中线是为了维持自己的重心，在遵守不丢不顶的太极推手原则基础上，运用腰胯的转动和重心的转换来隐藏自身中线不被对手控制。通过以腰为轴的转动，将来力化开并反控制对方的中线，把对手的力量转回去，这就是借力打力。

单推手动作非常简单易学，练习的时间不用很长，我的教学经验是3个学时学生便可以了解基本的手法和要领了，因为人实战时都用两只手，我们只要达到练习的目的就行了，花太长时间在单手的训练上是没有太多意义的。

要领要求是要找准对手的中线，尽量用松柔的手法去推，手向前进攻时尽量不超过前脚尖，要留有余地。化对手的力，转腰时不能把腰扭成死角，要保留弹性空间。

单推手是推手的基本功，它看起来简单，练起来也不复杂，只是需要练习者从无数次划圆中细细体会对方的劲路，同时保持自己的圆不被破坏，要在圈内的空间中去感知对方。待手臂有了感知后就可以转入双推手的练习。

双手平圆练习法

双手平圆推手在单手平圆推手的基础上进行。如一人在进攻时将另一只手搭于对手的肘部，封堵对手腰胯的转化方向，则很容易就可以控制对手的中线，并将对手推出了，这时这只在进攻时控制肘部的手，实际上是封堵对手的转化路线，也可以说是通过肘控制腰的转动。对手要想摆脱控制，不可硬顶，而是也用另一只手搭于对方肘部，用捋带劲来与自己的腰胯相合，带动对方向前的重心，使之感到重心不稳，破解对手的进攻。

在一个平面圆内，练习双方要反复练习挤、按、捋等，体会四法劲的基本转换。双手平圆推手的练习相对于单推手较复杂，但局限性太大，只要学生能明白基本的劲路转换和手臂感知的加深就可以了，在教学中可用7个学时的时间。

要领要求是手不离肘、肘不离手，不丢不顶，切不可用僵劲硬拨。

四正手练习方法

四正手又叫定步打轮，是太极推手重要的入门方法，练习的目的和劲力转换非常复杂。四正指的是掤、捋、挤、按四种劲法，通过两人双手双肘在立圆中的不断转换，四种劲法的反复连环运用，要达到手不离肘、肘不离手，阴阳转换，连绵不断的要求。初学者要注重松沉和双腿的虚实转换，劲要下沉得住，才能立得中正稳定。在双方重心的进退转换中，上身和手臂要尽量保持松柔圆顺，一定要把“轮”打圆，勿有凹凸处，似两个相切的圆在滚动，一切变化均是沿着圆的边线方向变化，待动作练熟后，才能进一步体会缠丝劲和螺旋力。

四正手要求完全按照拳架的要领来检验动作，如发现对手违背太极拳的原则，就可以肯定对手犯错了，要及时黏住对手使其错误扩大化，这时可以不用多大的力或完全借对手的力就可以控制对手。

四正手还要明白什么时候可以进攻，什么时候要化劲。进攻的三原则：一是对手的手臂贴紧身体了，则防御弹性空间少，可以试探地进攻；二是对手的手臂超过身体的中线了，则胯易成死角，可进行挤按控制；三是对手的肘高于肩或与肩、手相平时，则犯耸肩抬肘之病，可控制肘肩使其更加僵紧。所用控制并不是控制手臂而是对手的腰胯，对手所有的错误都是腰腿的毛病，反之，我们自身在练习四正手时要严格按照太极拳的要求来运动，这样才能避免犯僵、紧、过、丢、断、浮等太极拳病。在四正手时养成良好的太极推手习惯对以后进入太极拳高级境界是很重要的。

四正手的学习目的比较多，在正确的教学方法下学员虽然短时间就可以掌握动作要领和基本运行规律，但在劲路把握和判断对手力的大小、方向、长短、快慢上是短时间难以完成的，这就要求教练要在圆内各个角度向学员喂各种不同的劲，使学员了解并掌握初步的听劲功夫。要严格按照先重后轻，渐进式的喂劲，不断体验掤、捋、挤、按在各种情况下的运用。教学时间至少为 45 ~ 70 个学时，待学员在圆内顺随自然，粘黏有度时才可进行下一步练习。

活步大捋练习方法

活步大捋推手法又叫四隅手，相对于四正手来说，其方向是四斜角，所以叫做四隅。活步大捋在四正手的基础上主要练习採、挒、肘、靠四法。活步大捋在上身螺旋缠绕的同时，双腿在进退中进行粘化走劲的练习，所以对下盘腰腿功大要求较高，练好下盘的稳健和腿的听力、步法的灵活，对以后练习控摔技术和走化劲是有重要作用的。

粘黏在手、连随在步，双方在进退中要做到不丢不顶，特别要注意进退相随，如胶似漆。动作上进逼套封，环环相扣；擒拿巧绊，相生相克。

练习大捋推手可结合身法步法的练习，将手、眼、身法、步法相结合，当听劲练到能听到对手骨底之后再练轻步进退，这时要注意上下相随，正所谓“上下相随人难进”，也就是整体劲在运动中的体现。大捋推手练习的时间根据每个人的体质而有所区别，一般教练在讲解动作时需要 20 个左右的课时，其他时间还要不断找对手体会练习才行。

定、活步散推练习

在太极拳八法劲的动作练习熟练后，练习者就可以把四正手与四隅手结合起来，加入进、退、顾、盼、定五步，进行无规则的自由结合推手练习。

散推是太极拳推手走向太极拳实战的过渡阶段，是将平时练习的技法、劲路用于实践的重要步骤。除了要练习出各种各样的劲，还要知虚实、明顺背、晓阴阳、懂刚柔、辨快慢。以听劲为基础，在定步散推手时以黏化为主，活步散推手时以走化为先，粘就是化，化即是走，走就是打，打就是化，化打合一。

这里简单对太极推手进行介绍，其实太极推手要练习的劲路和需要注意的地方还有很多没有讲到，我会在后面的文章里重点讲解。在这里请大家尤其是初学者要明白的是，不管是练习四正手或大捋，还是散推手，要注重内劲方法和意念训练，一定不要把注意力过分地放在招式的使用上，要把注意力放在劲路的变化判断和放松等真正的太极拳功夫上。如果太注意用招法去胜人，虽然当时可能有些效果，最后却势必影响听劲的练习和提高。如果一味地追求招熟好使，不研究劲法，只能停留在明劲的阶段，今后的提高就有困难了。

第二章　搭手辨虚实

听劲

两军相遇，首重侦查，听劲就是太极拳推手和散手中的侦查。侦查就要与对手接触，不论是肢体接触还是神意接触，都是以了解对手的虚实为目的。

听劲不光是用耳听、眼观来了解交手时周边及对手的形势，还要了解周身肌肤触觉的感知变化。在推手时通过触觉判定对手劲路的大小、快慢、方向，这种感觉就是太极拳的听劲。

《太极拳论》上说："由着熟而渐悟懂劲，由懂劲而阶及神明。"如果将太极拳听劲功夫的深浅，分为着熟、懂劲、神明三层功夫的话，那着熟即为听骨，懂劲为听皮，神明为听意。我在练习太极拳的三个阶段中对这些已有提及了，为加深学者的印象，再就听劲部分重新论述。

"着熟"应视为听劲功夫的起步。初练太极推手听劲的人，往往对对手出劲的方向、路线和着力点判断不准，等劲力已加身受制时，才知被动，在对方劲力的末端，才急忙应变。为找到对手的力点，只好在手上及接触部位充满劲和力来寻找对手的顶力，这是用自己的骨劲来找对手的骨劲，以求能判断对手的虚实。这是听劲的初级阶段，要摸到对手的骨底才能判断，很容易造成转换不灵、产生顶抗。随着听劲的提高，不需要摸到实处就能体验到对方的一举一动，摸清对方动作意图和规律，这时明劲渐少而化劲渐增，是听劲着熟的标志。

学者在经过一段时间的听劲练习后，对于一般外来的长劲，在初始阶段，便能感知，明确判断出对方的虚实变化并可做出相应的应变，是为“懂劲”。在太极拳听劲练至相当高明的水平后，便会感到内气充盈，皮骨肉有脱离之感，肌肤反应灵敏，在这时已经能够根据对方的力点而变化，达到以皮肤的神经末梢来感触洞察对手的开合、起落、快慢、轻重等，这时应以皮肤为导，以意念为帅，以粘为根本，在正确判断和掌握对方运动规律、动作意图的情况下，则任何破坏自身平衡的动作，都能及时调整应对，并采取正确的对策。在听皮劲的后期，要求在与对手推手或实战中，对其短劲，如惊弹劲、爆炸劲等，能够准确辨别出力的着力点以及可能出现的各种变化，在对手劲路还未全部形成或形成初期，便做出明确判断并化解控制，则听劲功夫已可进入听意，即神明的阶段了。

在神明时期，听劲已不需与对手做肢体和皮肤上的接触，通过精神上的感知，便可敏锐地觉察出对手劲路的轻重虚实、刚柔顺逆、长短大小、高低左右种种变化，使其处处落空受制，顺人之势，克敌制胜。在与人交手时，由于自身内气充足，周身空灵，精神和皮肤敏感，在对敌的一瞬间已能做到准确的反应，那时毫毛皆可放空，对手触我毫毛我劲已打透其骨底，眼视而知其意，神听而控其无形，无声处听其内在细微，人不知我，我独知人，故能克强敌于死命。

听劲的练习

练习听劲首先要练习好拳架，在打拳的时候一定要做到身体绝对的放松，心无杂念，要做到心静神明，松和静是练习好听劲的关键。在安静中体察自身的顺背虚实，这是第一步的知己功夫。先知己而后知人。在练拳架时，要感受周遭空气的流动和对自己的阻力，手上的劲要轻，以刚刚能划破空气为准。

听劲还可单独练习，如听墙力，单手按于墙面，放轻放松，缓缓用腰腿之力前送，当遇到墙面的反作用力时，即刻完全放松卸掉来力，反复练习效果甚佳。除了听墙力，随着听劲的增加还可听门的悠荡力、柳条的柔弹力、窗帘的飘荡力等。

与人推手时由于双方肌肤接触，就可以通过接触点来感受彼此力的变化，再采取适当的方法予以解决。在推手练习听劲时要求全身肌肉、关节松沉，而不要有丝毫拙力。要像打拳时对空气阻力时的感觉一样，这样才能通过逐步的触觉练习，使全身感觉和反应日趋敏锐，达到微感即知的地步。

问劲

在推手中，因为对手也在听我的劲，所以一搭手就要放轻，以丹田气充卫气，遍布全身，以意行气，意在搭手之先，保持自己意气不断。接手只与对手皮接而不用骨劲接，接其一点来寻找对手劲的空隙，在保证自身不失的情况下，分辨对手的虚实，探明对手的背势。

问劲是在听劲的基础上，用听劲感觉不到对手背势的情况下，采取的试探性进攻。在采取问劲时，要对准对手的中线，也就是对手维持重心的圆心，以手领意，送一点劲，这时看对手的反应是否较大，则可问出对手一瞬间是否有滞。滞的反应主要有两点：一是没听到我的问劲，开始顶了，那时对手犯了双重，可加送意劲，将对手发放；二是对手听到我的问劲，化的时候过度，我则可听出对手的劲路和意图，顺势破坏对手的重心，将对手发放。

问劲的关键是要放松和用力的轻重得当。轻了对手的反应不大，难以有效地问出对手力点；过重则自己先犯了滞，会被对手所乘。问劲只问对手皮肤表面而不问骨劲，则可保证不失。

第三章　松沉第一关

松沉劲是太极拳的基础劲，是太极拳内气（也就是丹田气）开始产生作用的初始阶段，是检验练习者是否入门的标准，是入门第一关。

要练好松沉劲，先要知道什么是太极拳的松，怎么样松。

松

松，是练习太极拳的一种最基本的要领。我们给“松”下个定义，就是意气下沉，筋、骨、肉有脱离之感，关节筋脉节节拉开，有拉远放长之意，在保证立身中正的基础上，找到最省力的、最舒服的感觉。

我们在练习拳架和站桩时，周身关节要节节松开，由两臂开始拉远放长，形成八面支撑，然后虚灵顶劲，由颈椎开始，由上往下，沿脊椎、尾闾、腰胯、膝一直到脚，松到地下去。

放松不等于软，所以还需保证虚灵顶劲、脖颈上拔、肩开肘坠、含胸拔背、命门填满、尾闾中正、腰胯松坐，不如此则是软不是松，要松而不散，无拘泥懈滞之病。

放松要以心静为前提，心静似水而无杂念。断念，心才能无拘束畅游于自然，自然才能神安意定，内外俱松。

如何放松

肌肉松： 肌肉放松比较容易，练习太极拳的人多能做到。

从头上讲，面部肌肉放松，微笑可让腮部放松；上半身肌肉有和骨骼向下脱离的感觉，肌肉没有隆起绷紧；下半身肌肉不能绷紧，不能对关节部位的转动产生影响，如有僵紧的感觉应及时调整重心。肌肉的放松也要从上到下，不可能一步到位，需习练者慢慢体会。

肩部放松：肩部关节是太极拳练习者感到很难放松的地方，肩部放松不下来，其他关节就很难松下来。肩关节需对拉并下垂，同时肘部向下松开，并有向外张开的感觉，这就是沉肩坠肘。

胸部放松：在沉肩坠肘的同时，胸部骨骼自然张开，微向内含，背则自然向外对拉，就是含胸拔背，含胸不能向里裹胸，而是松骨、松肉不妨碍呼吸便可。胸肩部的放松主要是为了气不上浮，所以不能憋气，使气自然下沉。

腰胯部放松：腰部关节要活，不要把上身的力都压在腰上；胯要微坐，舒服自然，不能顶胯。腰胯关节不能转或坐成死角，要保留余地，不能用力去支撑。腰肾部不能有一点僵紧处，尾闾要下坠，不能前翘外翻。

膝腿部放松：大小腿肌肉不能僵紧，膝关节可微弯曲但不要受力被压，要感觉随时可以转动，小腿和脚踝处不可受力。

脚下松：脚趾先松，不可抓地，脚掌平均分配力量，不要用力向下踩，感觉全身松到脚下之后，意念再慢慢上提，从下往上松，这是后话了，开始就是往脚下松。

周身的关节要处处对拉，从上到下逐节放松拉长，在推手时让对手总觉得好像手臂长一点似的。打拳时用意不用力，以意来放松。

松沉劲

当周身的关节拉远放长，筋骨肉有了脱离之感，脊柱节节松开了，那气自然就顺了。气顺就能下沉，所以下沉的是气不是力。我师父经常说“要把劲放到脚下去”，其实就是要松到脚下去，松到下面了，就是松沉劲了。

松沉劲不是用拙力往下，也不是单靠降低重心，而是以心静为本，以意念为令，以气为体，达到中正安舒的感觉。正如《拳论》所说，“以心行气，务令沉着，乃能收敛入骨”“以气运身，务令顺遂，乃能便利从心”。

在练习太极拳的松沉劲阶段，要求在放松的基础上以沉稳入手，打拳时气势既充足又内敛，立身务虚中正，无论动作如何，中线不丢，这是练出丹田内劲的关键。外形上既松柔圆匀又棉里裹铁，上身如春风摆柳，脚下如入地三尺，任凭风浪起，根入地底中。切不可变松为软，无神丢劲，更不可劲力外现、棱角分明。练出了松沉劲，对于拳架的感觉而言，周身劲力贯穿连绵不断，精神上轻松舒服，肢体上身柔顺自然，下盘稳固沉实，上虚下实，脚下生根。

松沉劲推手时可顺来力下沉到脚，把对方的来力从接触点吸入地下，让对方推不动，让对手感觉你合劲很大，却找不到力点发放，随即借地面的反作用力将对方弹出。

松沉劲就好比万丈高楼的地基，虽是初级功夫，却是不可或缺的。

练习松沉劲的要点：

(1) 在练习拳架时，不管是定势蓄劲还是移动重心，中正为松沉的关键。

(2) 以静为本，不管是练习拳架还是站桩推手，都需虽动犹静，大动不如小动，动中求静，能静就能体察何处不松。

(3) 拳架的每个定势，都要沉气，防止在运动中有气上浮。

第四章　谈掤论八法

掤、捋、挤、按、採、挒、肘、靠、进、退、顾、盼、定叫做八法五步，是为太极十三势。

在这十三势中，首先提到了掤，太极拳的老师傅们也总是说“掤劲不能丢，八法掤为首”，这些都说明了掤劲对太极拳的重要性。

掤字在太极拳中的含义

关于掤字，在太极拳一些名家老师嘴里，读音为 péng (朋)，并在教学中，甚至是著作中解释为“捧”，这可能是不了解掤的真正读音造成的误解，但显然也曲解了太极拳掤的真实用法。关于掤字，应读音为“兵”，意为古人武者所用箭筒口处的盖子。据此我认为掤在太极拳中不只是一种劲，它还具有包容、藏锐的特性。

什么是太极拳的掤劲

对于掤劲，张义敬先生在《太极拳理传真》一书中曾作出过解释：“掤劲是灵活、成弧形的，既可化掉来力，也可反弹出来的粘劲。”他还进一步说明推手中的掤、捋、挤、按、採、挒、肘、靠其实是粘劲的八种用法。笔者恩师李雨樵先生也说过：“掤者，粘也，化也。”这些以粘劲、化劲作为对掤劲的解释，我认为是完全正确的，因为粘、化正是太极拳技击的精华所在。太极拳属水，掤字在古代通冰字，同时又有包容的特性，前辈选用它作为这种劲的名称绝非偶然，它不但要具有向外的弹性防御功能，还要像水一样具有流动和包裹对方来力的特性。比如当水遇到外力的时候，不但可以产生反作用力，还可以向旁边让开，吞没和包裹来力。太极拳的掤劲要如水似冰，随方就方，随圆就圆，无孔不入，向下而后漂升，受挤压而可向外扩散。

粘住对方，化掉来力，是为了更好地发放对方。太极拳虽以柔为主，但也必须做到刚柔相济，棉里藏针。掤劲还有藏锐的特性。掤是箭筒盖子，掀开盖子就是发出之箭。如丢掉柔中所藏之利箭也是丢掉了掤劲，尽管外形柔顺有余，但缺乏内在力量，形成柔中乏刚，在推手散手中势必造成能引进而不能使对手落空、无法发放的局面。拳谚说："人无刚骨，安身不牢；拳无刚骨，出手无效。"太极拳谱也说："运化在柔，落点要刚。"这是相对地对于化劲和发劲来说，而不论化与发，还是走架，都不能丢掉掤劲。

如何做到掤劲不丢

第一，在外形上应保持不同程度的圆撑。掤能圆撑，手臂和周身肢体的抗压力相对较强，并能做到"周身一家，一动无有不动"，这样就不易被对手的刚劲压扁了。圆撑不等于和对方的力硬顶，而应是由内向外的张力。通过自身的饱满，不给对方凹凸和断续的地方，对方按到你的每一处，都让对方感到是一个不断变化的点，不是死的点。意识上要放松，才能体会出由内向外的内气饱满，就像一个充了气的气囊，柔软中有弹性，能够缓冲外力，也能够化解外力。

第二，在动作上伸屈开合，都要留有余地，以利于做到变化反应快，“动急则急应，动缓则缓随”。另外做到曲中求直，直中寓曲，也符合阴不离阳、阳不离阴的哲理。若能如此，便可使掤劲内外的要求在运动中得以贯彻。如果动作中没有掤劲，那么意气鼓荡也就不存在了。不含掤的放松与引化就是弱丢，整体散了。所以说掤劲要贯穿到走架和推手的整个过程当中。

第三，在劲力上要练出掤劲，必须变硬为柔，积柔成刚。而这种刚性是柔化防守中所必需的。若只有掤的外形，而没有掤的内劲，那就徒具形式了。这就像皮球虽是圆形的，但气不足的话，一压就扁。必须把气打足了，才能做到内外一致。

掤劲在推手中的应用

掤劲最忌板滞、迟重。板滞必不知自己的运动，也不知对手的取舍，既不知人，又不知己。迟重必以力御人，以顶为掤，便成死手。

掤是粘化，不是抗力，顶抗变成死手，易被人引动借力或以大力取胜压制，造成瘪丢，又变成软手。软手丢掉掤劲，易被人压扁得实后发放。

周身掤势的形成全在腰的旋转，向左掤则向左转腰，向右掤则向右转腰。凡以掤势作为防守之法，必须具备化劲。掤劲虽有向外、向上托之意，但都不是逆着对方的力，而必须与来力互呈角度和走弧线，包括转腕旋臂所形成的微小弧线，借以达到顺劲相承，使彼力点落不到自己身上。

从口诀谈八法

《八法秘诀》文浅意明，说理缜密，便于理解，实用性强，对初学者大有裨益，我认为是太极前辈对八法的最好阐述。我本来是没有资格对这段口诀进行诠释的，但感到其对初学者的重要性，就将自己的理解说出来，使初学者有一个基本的了解，少走一些弯路。

掤劲

掤劲意何解，如水负行舟，先实丹田气，次要顶头悬。

全身弹簧力，开合一定间，任有千斤重，漂浮亦不难。

从口诀上看，掤就不是普通的外撑力，很多拳谱上说的"掤在两臂"是不全面的理解。掤劲要上下对拉，下实丹田，虚灵顶劲，如水流动，要保证在一定空间内的弹性劲，也就是不过，拳谱说"过犹不及"就是此意。首两句说状态，下面两句说的是基本要求，也就是要练好掤劲，先要练出丹田气。我在前面的文章中已经讲过丹田气的重要性了。还有就是要中正，不论是打拳还是推手，中正对养气是很重要的。掤劲的获得，主要是在练拳和推手中要时时留意丹田，而又不守意于丹田，处处保持中正。劲力神意要始于脚下，气要下沉，如柳树根深，神意要向上领，如松柏气宇昂然，上身要放松，如柳条迎春风。"全身弹簧力，开合一定间"，是说掤劲在推手时要把周身关节拉开，将韧带肌肉放松，通过周身的对拉开合形成的力量是一种弹性力量，而不是硬顶的僵力。最后的两句是讲效果，来力再大，我也只在对手力的表面形成圆的切线来引动对方，就像流动的水，不管再重的行船，亦可将其带动。

捋劲

捋劲意何解，引导使之前，顺其来势力，轻灵不丢顶。

力尽自然空，丢击任自然，重心自维持，莫为他人乘。

捋劲的特点是使对手的来力落空，也就是使对手处于背式。我认为关键是要与对手的来力同步，让对手摸得到打不着。首两句说的是要引进，要让对手的力过，对手的力过了就很难维持重心的稳定了。下面两句是对自己的要求，完全顺着对手的力，也就是舍己从人，一举动周身轻灵，不丢不顶。力尽自然空，丢击任自然，是说对手的力会有尽头，也就是来力已经被化干净了，使对手的力落空是为了造成我顺人背的局面，这时就可以发放对手了。最后两句是要求引化和发放时，要保证自身的中正，要不偏不倚，这样可以保持自己的重心稳定，不给对手可乘之机。

挤劲

挤劲意何解，用时有两方，直接单纯意，迎合一动中。

间接反应力，如球撞壁还，又如钱投鼓，跃然声铿锵。

挤劲在运用上有两种方法。对手的意念和力被我的意念听死的情况下，可用合力直接控制对手的来力，逼迫对手，使其重心不稳。如对手力是比较大的明力，也可接对手的力源，用合劲的发力方法将其弹出。这时表面好像有力，其实是周身整合的弹性劲。

按劲

按劲意何解，运用如水行，柔中寓刚强，急流势难当。

遇高则膨满，逢洼向下潜，波浪有起伏，有孔无不入。

太极拳具有水性，水有平静的也有激流的。在运用按劲时要柔中寓刚，力从脚起，如同波浪，藏急流于水面之下。遇对手硬顶时，自然膨胀，形成饱满的浑圆对拉，遇到对手有凹凸处和断续处时，可如水向对手的缝隙流动，破坏对手的防御。

採劲

採劲意何解，如权之引衡，任尔力巨细，权后知轻重。

转移只四两，千斤亦可平，若问理何在，杠杆之作用。

採劲是太极拳拿法。太极拳拿法是顺劲拿力，利用与对手来力接触点产生杠杆力，意从脚起，以腰的转动产生螺旋带动对手，所谓四两拨千斤，在于利用杠杆的牵动。

挒劲

挒劲意何解，旋转若飞轮，投物于其上，脱然掷丈寻。

君不见漩涡，卷浪若螺纹，落叶堕其上，倏而便沉沦。

挒劲与採劲有相同的地方，都是利用螺旋劲。挒劲时让对手的来力沿螺旋的边线改变方向，然后加速抛掷出去。力走螺旋时，要力从脚起，以腰胯为轴，松肩沉肘，腰胯力直接到达梢节，化打合一，使敌深陷圈内，无法中定。

肘劲

肘劲意何解，方法有五行，阴阳分上下，虚实须辨清。

连环势莫当，开花捶更凶，六劲融通后，运用始无穷。

肘劲是太极拳重要的技击方法，是以肘发力，短劲伤人。太极拳肘的用法以意念可分为阳肘和阴肘，阳肘意在对手背后，阴肘意在对手胸前。不论阳肘还是阴肘，用时都要连环发力击打。肘的技术打法有顺势肘、开花肘、穿心肘等。在使用肘劲打法时，要利用腰胯螺旋之势，上、下、左、右、前、后六面角度俱可发力。

靠劲

靠劲意何解，其法分肩背，斜飞势用肩，肩中还有背。

一旦得机势，轰然如捣碓，仔细维重心，失中徒无功。

靠劲的用法是力催于背，由肩将力发出，在得机得势时，瞬间发力如金刚捣碓，向斜下方发力。在发靠劲时，力要短，不能击打太远的目标，要保持身体的中正，以免为敌所乘。

不论八法如何变化，掤劲始终贯穿其中，要请良师不断喂劲，与益友不断切磋，才能理解运用太极八法，做到真正的掤劲不丢。

正是：掤劲无有形无质，引化拿发均有掤。

第五章　内外要相合

六合是中国武术内家拳的共同要领，不单是太极拳，形意拳和八卦掌也有这样的要求。内家拳的六合分为外三合和内三合。外三合是指手与足合、肘与膝合、肩与胯合，内三合是指神与意合、意与气合、气与力合。

练拳必须先能做到外三合，进而再追求内三合。学太极拳一般都从套路练起，经过一段时间的套路学习，大概的拳架模样已经具备了，这时在套路的练习上要追求形体上的协调一致，先要尽量模仿老师的动作，追求形体上对外三合的规范化，然后去掉动作上的着力感，在舒适中体会内心的感受，服从内心对肢体动作协调的真实感觉，在轻、慢、圆、匀中保持身形上的协调，克服懈滞、凹凸、断续的问题，保持动作的舒缓顺畅。只有这样，才能使力量更好地收放，把动作做得最合理，最适合练拳者本身，并符合人体运动规律和力学原理，这样就自然可以做到外三合。

太极拳外三合的运用方法是要以腰为主宰，分为上、中、下三节，向上腰要与肩肘相通，下要与腿足相应。临敌时要符合拳的整体结构，在以腰为轴、带动身体四肢运动的前提下，发挥协调配合作用。外三合首先应做到肩与胯合，肩与胯合可以保持身体中正，也就是上下根节之合，起到周身稳固作用。不但能使周身动作协调，而且使劲力传达于末梢，劲力更加完整和集中。肘与膝是三节的中节，是动作和劲力的转换之处，中节相合，能使动作轻换灵活。手与足合，不仅外形动作要协调配合，而且也要在劲力上相合一致，要做到足到手到，上下相随，劲力自然顺达，步法更加灵活。不仅外形动作要协调配合，而且也要在劲力上相合一致。使身体重心稳固，动作灵活，并实现周身一家的太极拳功夫。在练习外三合时，要请老师和师兄弟们多看自己打拳，多捏架，请他们指出不足的地方，待达到外形上的完整一致，基本上就可以进入内三合的练习了。

太极拳的内三合为神与意合、意与气合、气与力合。在练习外三合时，我们的精神也是要集中的，精神提得起，外形上就不会散。精神集中则神意相合，拳论讲："精神能提得起，则无迟重之虞。"意是心神发出的指令，是本能的反应，意可调动周身的运动。神意相合则大脑思维与精神配合才能控制手脚的协调动作，也就是心神要平静，意念要集中，才能做到心神与意相合。意与气合时要以意领气，意到气到。太极拳要求处处意念在先，每一动都要用意念来支配，气的运行受意的指挥，而意的本身是无形无影的，需要用气来引导。气在人体里运行，虽无形质可见，却通过意可以感觉到，太极拳以意念引导丹田先天之元气，补营强卫，使周身血脉通畅，神完气足。"以意行气，气至则力必达，气者力也"。力在意念和气的配合运动中产生，太极拳所追求的力不是蛮力和僵力，而是用心意来引导先天元气所形成的内力。意到、气到、劲到，气力相合才能把丹田的力量集中在一处，突然爆发，达到无坚不摧的太极拳内力。

太极拳的内外三合实为相辅相成的关系。外三合使身体中正灵活，筋骨安舒，动作协调稳健；内三合调理脏腑，疏通经脉，气足血盈。从而使太极拳达到形意兼备，内外合一，内外相和，内外相和才能劲力均整，达到六合状态。内外三合练习时，不以偏废，内固神意气，外练肢体，内外兼修，入道不远。

附李超老师《精气神论》一篇。

精气神论

吾拳之道精气神也。炼精化气、炼气化神、炼神还虚。丹田呼吸，肋中开合，以意领气，以气运身，培补真气，元气充足，满溢于背，充溢于面，神气十足，并发于外，施于四肢而发力。内意萌发而外形未动谓之起；意气想通形动而气发谓之落。吸是起、是开，呼是落、是合，手起气也起，手落气也落，沟通任督二脉。头正起项，状面凝神，胸含背圆，提肛缩肾，收丹田调呼吸，一松一紧，一升一伏。气升时两肋齐举，骨缝张开；气降时自俞口透过前心，下守丹田；劲松时纵横往来，和缓柔软；劲紧时气血会聚，刚坚凝结。发于腿，主宰于腰，行于手指，随着外形的变化，气在身内上下鼓荡。上升起气自涌泉顺夹背分左右布于两膊，充于指掌。气下时，呼吸而落，自两腿沉入涌泉。气升时则整体而升，气降时则整体而降。起落开合，意动气随，丹田鼓荡，随阴阳转换化之自然，进行精气神之锻炼，周天运行矣。

第六章 粘、黏、连、随解

“粘黏连随”也可叫做“粘连黏随”，是太极拳推手练习的基本原则，是太极拳特殊的技击技术，历代太极拳习练者对之均非常重视，称其为太极拳推手技术的“四纲”。

粘为太极拳推手或技击时的接手。接手时要轻，控制好自己周身的气息，要饱满圆实又要松柔无力；接手处处含虚又处处有实，轻则灵，灵则听得清，变化快。通过轻灵变化虚实，来判断对手。

老一辈常说八卦掌靠闪打人，形意拳靠整打人，太极拳靠黏打人，这话说得有片面性，但可见太极拳对黏的重视。黏是指推手打拳中的黏劲，在粘的基础上，黏有控制之意。黏劲的关键在于用我之意控制对手之意，我的意念始终在对手的意念前面，使对手发出的劲如进入一团浆糊中，处处被缠绕封堵，有力不得施展，正如拳论中说的“我顺人背谓之黏”，让对手越急越背，最后被制。黏劲在对手将发未发、将展未展时就要提前运用，这时最为有效。黏劲要松，要轻重适度，在感觉已能有效地控制对手了、对手的活动空间被我压制得越来越小了，这时才能适度重黏，保持对手的背势。黏主要是控制对手的手臂三节（手臂的三节是手、肘、肩），要通过引带梢节，控断中节，封堵根节来完成。就是在对手的劲还未到梢节时，就将梢节捋带，可让过对手梢节，把中节（也就是肘部）传动的力断掉，让中节的力传递不到手上，通过控制中节封堵住从根节的来力，使对手劲力不畅。在推手和散手中控制对方手臂的三节，通过手臂的三节控制封堵对手的劲路，才能以黏制敌。在激烈的实战打斗中，除了控制手臂的三节，还要控制住对方身体及下肢的三节（脚、膝、胯），也就是要用步黏住对方，造成对方不能走化的局面，这样才能处处看死对手的中，拿住对手的背势，处处提前，处处主动。

连是要与对手相连，在动作上与对手保持一致，肢体的接触点不与对手脱离，尽量做到与对手速度同步。我在教太极推手时，特别重视与对手同步的问题。打个比方，有一辆车以60公里的速度撞过来，你的车速如果也是60公里，它是撞不到你的，它提速你也提速，它减速你也减速，不离不弃，不远不近，不丢不顶，如胶似漆。不仅动作要与对手相连一致，在意念上也要意在敌先，预先感知对方的动作意图，气随意行，与敌做到意气相连。

随就是随敌所动。太极拳讲究顺，要做到顺，就要练习上下相随，《打手歌》中说“上下相随人难侵”。但在推手和实战中，光做到上下相随是不够的，还要与对手相随，要舍己从人，要在粘黏劲的基础上，顺其劲力，随机而动。随不是盲目地跟随，而是要与对手劲力相合。不仅要在动作上相合，而且要在神意上和对方相合。在相合的基础上，与对手相吸相连，不要轻易脱离开，在运动中寻找机会。

粘黏在推手中是一起使用的。粘在黏劲充足时有收提之意，就是将对手来劲引领拔高，使对方重心浮动，失去平衡。连随在于舍己从人，进退化劲中牵动对手根节，然后以黏控制重心。粘黏连随是相互之间相通的，粘中有黏，黏中相连，粘连不断，黏随不丢。所以他们在运用上不是单独存在而是相互关联的。

与其相对应的是太极拳四病，即重、顶、扁、丢。

重是说在粘的时候，也就是接手的时候，不能用重力，要轻灵，上拔下钻，万不能用重手，否则转换不灵。顶就是用力顶牛，不知道黏中有化，而一味地用重粘，会造成腰胯的不顺，产生双重。扁，就是对方来力，不知走化，一味地退让，不能与对手同步，易被对手将圆压扁，失中被制。丢，就是不能相随，就黏不住对手，跟不上对手的运动轨迹或速度，被对手打进来或脱离你黏劲的控制。

附《打手歌》。

掤捋挤按须认真，上下相随人难进。任他巨力来打我，牵动四两拨千斤。引进落空合即出，粘连黏随不丢顶。

第七章 引、化、拿、发论

引、化、拿、发是太极拳推手克敌制胜的方法。拳谱《打手歌》上说的“引进落空合即出”就是这四种用法。引就是引进，落空是化，拿是拿劲，要想拿劲自身要做到六合，出是发放。所以想随心所欲地使用引、化、拿、发，必须听劲、粘黏劲、连随劲、合劲都有一定的基础才可以。

引

引是在听劲（要听出对手力的大小、方向）和黏劲的基础上，将对手的劲往自己空处引，也就是对手将要不得势的地方。在引的过程中，要让对方不认为是落空，还要感觉比较得势，这时我要敢于将对手的力引进来，而不是顶出去。因为在两人之间顶，所费力大，违背了太极拳的技击原则。就像两军作战，要敢于将敌方兵力放进来打，放进来是为了吃掉对手的力量，同时拉远对手的攻击距离，离力源渐远，使其力减弱，内三合破；引其出尖破体，立身不稳，外三合破，引其失中，我则得势。

引化

引化是在推手或散手中引动对方的力，诱敌深入，把对方的力量引到有利于自己的轨道上，使对方陷入被动局面，或失去重心，或根基不稳。而在引化的同时，蓄力合劲，凝神待发，随时都可以在对方落空的基础上，即化而打，发力制敌。

引是为了化，引而不化就是引贼入室，反会被所乘。听到来力不丢不顶，将来力引入自身内圈，先向自己的中线引，然后向身体中线两侧化，错开来力路线，使其力突然落空。引化开始时需要有一定黏劲，要与对手保持同步运动，使对手的力落不到实处；化空时是要让对手突然有失重感，连刚才的黏劲也不见了，这叫引中有化。化尽则落空，落空必心乱，心乱即妄动，妄动则有隙，有隙可击，胜负已定。

化

化劲在太极推手中，是一种破坏对方力点，改变着力方向，使对方难以发力的方法。

化的关键在于变点，在与对手的接触点上，变静力摩擦为滚动摩擦，让对手的力沿圈的外沿线划过，我圈含劲可越过对手的力，这是化中有进之意。

练习化要结合黏和随来练习，也就是黏化和走化。所谓黏化，如胶似漆，不丢不顶，并有摧逼和随从之意，舍己从人，“动急则急应，动缓则缓随”，黏住对方之劲，探知对方变化，从而收到“我顺人背”、以黏制敌的效果。黏化是守中寓进，似松非松，将展未展，以利灵活变化的表现。

走化与黏化相似，是顺应对方来力的方向而走，但比来劲略快，使其落空。拳谱曰：“使敌深陷乱环内，四两拨得千斤动。”在运用走化的同时，又使对方不脱离我劲的控制，使对手摸得着，打不到，感觉有，找不到，离不开，脱不掉，无法发挥其力。走的若恰到好处，可转被为顺，以逸待劳。

拿

拿就是控制劲的意思，不但要控制对手的劲，还要控制自己的劲。

在推手时要先控制自己的劲，不妄动，不失中，内外六合具五弓，这样可守住意。对手力一来，我意在前，可保证自己不犯错。在推手时不能因为要拿别人，而气往上浮，脚下拔根。根基不稳何以拿人？老师傅们经常说“打拳要拿住劲”，就是这个意思。

拿要控制住对手的劲路。在推手过程中，把对方控制住，使对方不能走化，就是拿。这里的拿，不是反关节控制的擒拿，而是拿住对方的劲，顺势而拿，控其一点，制其全身。

拿要轻拿，要让对手感觉不到已经被控制了，在不知不觉中入我圆中，等对手察觉时，我已由轻变重，断其劲路，由慢变快，随敌逃向黏控不放。从引化到拿合，使对手处处受制，不能逃脱。

发

发是发放，也是发劲。欲发先拿，拿是发的先决条件，控制住对手的中线和劲路后才可以发放。

发放是引进落空后，顺着或引偏对手的来力，利用加速度或旋转的离心力将对手抛掷出去。发放要遵循“引导使向前”“粘黏不丢顶”的原则，顺势借力而行，要在对手的力完全落空产生背势时，来帮助对手重心失重。用我师父的话，就是把对方扶上马，你还要送一程才行。

发劲是内外三合的完美贯通，以神意气引导周身的劲整合一致，就是用心念来指挥，用丹气来发散，用争力来借地面的反作用力，用腰胯来协调三盘。

发劲有很多种，如：长、短、沉、旋、钻、崩、抖、弹、冷劲等，究其本质没有大的区别。

太极拳中的发劲，是集中的弹性力。这种弹性力是周身肌肉完全放松后的瞬间高度收缩，它不是紧张的僵力，也不是肢体的局部力，而是灵活统一的整体爆发力。

我们经常发现一些练拳者，在练习拳架时，发力速度很快，弹性很好，力也很透，但在推手中却难以发挥，甚至根本发不出力来，这是什么原因呢？我认为首先是听劲不明，无法走化，不能充分利用、分解对手的劲，造成无法蓄劲。蓄劲是发劲的前提，化而不蓄，则发劲无力，化劲的同时要充分地蓄劲蓄势。

发劲的时机也很重要，所谓“遇虚当守，得实即发”，是说摸到对方的呆实之处，方可发放。掌握好时间差及发力点，得机得势，守中用中，集中优势打其薄弱之处。

发劲发出的力是整体力。拳谱上说：“力起于脚，行于腿，主宰于腰，达于手指。”发劲时脚趾轻微抓地，两脚相争，借用地面的反弹力，将周身合为一体，丹田内爆向四周发散，意念劲力专注一方，瞬间弹抖发力，才能摧枯拉朽，势不可当。

发劲落到刚落点的时候虽然周身是一紧，但发劲之前要完全放松，只有松得透，才能发得出，心里不要老想着要发劲打人。自然松静，应敌而动，不发而发方为正确。“松紧紧松为中平”，松紧得当，刚柔并蓄，方为太极拳发劲之道。

练习发劲的方法

在练习拳架时，尽量不要发劲，要松练，松得不透，发的是力不是内劲，是会伤身的。只有松到脚下了，柔顺了，才可单练发劲。

发劲不要空发，空发发出的都是假发劲，看着挺好，推手时发不出，散手时用的还是局部力和蛮力。站桩时可在老师的指导下进行哑丹田的练习，体会意念的一松一紧、丹气的饱满度、周身的一致性。

在请老师喂劲时，多在老师身上发劲，体会劲是不是从下面来的、力点找得准不准、意念放没放到位、蓄力的时机好不好。在对手身上体会发劲的状态才能进步得快。开始尽量试长劲，能更好地体会发劲的状态是否正确。后期在散手练习时多发短劲，才能得心应手。

第八章　劲力走螺旋

太极拳不是力的抗衡而是圆的较量。拳论云："手足运动，不外一圈，足随手运，圆转如神。"太极拳的技击运动是以圆的滚动和变化为根本，以腰为轴，用圆外边线接外力变成切线，形成圆转如意，御力于外的特点。太极拳的圆是由不规律的弧线组成的，从肢体上表现为力的走向是由螺旋缠丝来完成的。上肢的缠丝运动是遇到外力或阻力时，肢体进行自转，旋臂肘转手腕到指尖；下肢的缠丝运动是配合上肢，旋脚下转踝膝；身躯上的缠丝运动是旋腰胯转脊背。要做到缠丝时下旋钻上转拔，也就是上拔下转的对拉螺旋争劲。这种表现在肢体外形上的螺旋缠丝，我称其为外缠丝劲。

螺旋缠丝劲在防守上利用了自然界中的杠杆变点和螺旋转化的原理。利用变换圆边线上的接触点，改变对手来力的走向，对方用大力打来，也仅仅作用于圆旋转中的边线，以面带动对手的点，使其不能伤我内在，这具有"四两拨千斤"的功能，即可对外力接触化解或卸除牵引，使受力面积增大，作用力时间延长，其冲击程度减弱。

螺旋缠丝也须根据势态的发展不断变动圆的运动规律，达到能化能黏，借机取势。在引敌深入时，要敢于将对手的力放进来打。在对手力进来时，要因敌而动，形成千变万化的各种圆弧运动，以圆弧引对手，并与来力相交成斜角而分散来力，减少自身用力成本；不与对手来力相碰，只做皮肤表面的挫动，故走化省力，并用连随把对手放入我之圆圈内，使其手足如被丝线所缚、鱼入网中，处处背势，进退不得。拳谱云："乱环术法最难通，上下相合妙无穷。陷敌深入乱环内，四两千斤着法成。"

螺旋缠丝劲在进攻时，发出的劲要旋转前进，目标为对手的中线或对手背势的地方。意念也随着劲向前，还要放得远，这样才能让劲发得透。

向前的劲要是碰到阻力，不能硬顶，从对手力的边缘绕过去，也就是错开力点，对着对手的缝隙，旋转着前进。缠丝从脚起，使力量更稳重；螺旋用手领，使劲路更难防备。

旋转时有里缠和外缠之分，也就是陈式太极拳说的顺逆缠丝。旋转方向由两手决定，以手指领劲，可以两只手同时顺缠或逆缠，也可以分开向相反的方向旋转。旋转缠丝时不是退圈化而是进圈化，化是为了进，化中有进，进即是打，打即是化，化打合一。

附李超老师《螺旋缠丝论》。

随曲就伸，无过不及，螺旋缠丝。躯干肢体形成立体运动，浑身俱是缠丝圈，两臂麻花旋拧，两腿螺丝拧钻。大拇指外缠为顺缠，大拇指里缠为逆缠。胸腹相合为顺缠，气归丹田；胸腹相开为逆缠，气自丹田出。内缠外绕十八球浑圆一体。内气缠绕于肌肤之中，中气贯通于骨髓之中，是练外柔内刚的关键。身体左转为顺，右转为逆；身左转则左腿顺缠，而右腿逆缠；身右转则右腿顺缠，而左腿逆缠；两腿配合，一顺一逆。两腿逆必前扑，两腿顺必仰跌。手臂顺缠时，沉肘腕带手掌划弧线。逆缠时，掌为先、手领肘、肘带肩。螺旋缠丝，动静开合的活动限度要适当。在自转的顺逆变化之中同时有前后、左右、上下的公转，不丢不顶，身、手、脚同时到位。粘黏在手，连随在步。不丢是黏劲，是人走我随，是转化为打的过程动作。不顶是走劲，处处都要严格掌握。八卦周流运呼吸，古今能有几人知？遇人书中寻大道，谁知大道在坎离。

小　结

学习太极拳先要明理，理明了才不会走弯路。太极拳发展到今天，我认为不但没有进步反而一些真的、好的功法逐渐消亡了。随着一些老武术家的离去，许多年轻一代见都没见过真正的太极拳功夫。跆拳道、空手道、散打、拳击等现代竞技运动充斥着我们的生活和媒体，使年轻一代对传统武术的功效充满怀疑。武馆和培训机构的快餐式教学，使仅有的武术爱好者越来越浮躁，难以接受长时间的枯燥训练。在大环境和媒体、教育机构以及现代武术工作者的共同努力下，我敢说要不了多久，我们的下一代别说能练习真正的太极拳了，就是见也难以见到了，那时真正的太极拳功夫只能留在传说中，就像我们说起杨露禅前辈可以手托飞鸟一样，只能心向往之，而力不能及了。

我要说的其实很简单，你要推广太极操就说是太极操，你要练习太极操养生没人说你错，但请别说是太极拳了。我就是想把真实的太极拳记录下来，告诉想学太极拳的人应该怎么做，让传统太极拳的爱好者真正的了解太极拳、练习太极拳、继承太极拳。

本书的上半部分主要是介绍心道太极拳的基本功法和达到太极拳小成功法所需要具备的水平。没有这些功夫训练，拳架打得再好也是花架子，正所谓“练拳不练功，到老一场空”。“入门功夫需口授”说的是太极拳的基本要求和要领，是在整个心道太极拳的习练中都要遵守的原则。站桩养气筑根基和六面争力成浑圆是解决力源的问题，看似简单实为复杂，这一部分实是武术界的不传之秘，站桩和争力近年虽亦有武林人士著书立说，但谈到具体练法时无不似是而非，或笼统介绍或是一带而过，希望学者重，勿以小道视。

入门篇中介绍的都是太极拳基本的技击技术特点和要求，习练者按照顺序，在老师的指导下，循序渐进地练习，2～3年内便可达到太极拳小成的境界。太极拳一小成完全可以作为太极拳爱好者健体防身之用，其效果多有印证。小成虽易，但稍有不慎，误入歧路则离大道越行越远，此差之毫厘，谬以千里。君不见，练太极拳的比比皆是，小成者却百不达一。如要百尺竿头更进一步的话，不但需要悟性、毅力，还要机缘和态度，在小成之后每进一步，都要付出比以前更多的精力。

常有学生和我说能否像教材一样，写出一个练习流程，让学员按照练习。本来我认为这在传统武术教学中难以做到，因为每个人的悟性和条件都不一样，很难像学校里，大家的进度都一样。后来在学员小成之前将时间和功夫统一练习，发现效果还是很好的（比较适用于学过理科的）。太极拳筑基功夫要拳架、站桩、争力、推手四功夫齐头并进才行，我下面写出标准和练习时间，请参考。

第一阶段，拳架先要达到顺随，整体放松；站桩能入静，有舒适感，可放松到脚下；争力在放松的基础上脚下有黏感；推手四正手划圈熟练，在3个月时加入四隅手练习增加下肢力量。以上需6个月，如都能做到，进入下个阶段练习。

第二阶段，拳架上松下实，拳架完整一致，呼吸自然，能空发劲；丹田充实，气贯带脉，身体各部位有气流感；争力时下半身越来越松，脚下变轻；开始学习散推，能具备基本的听劲，对太极拳推手的各种技术熟练掌握。时间需要一年半到两年。第二阶段要先求松，然后求合，再求整，听劲化劲发劲及太极八法一个一个问题解决，千万不可求快。

第三阶段，对整体劲完全掌握，能守中用中，周身一家，脚步开始灵活，浑圆劲分布全身，这时小成功夫上身。

在合理训练的情况下，太极拳小成功法总体时间大概需要3年的时间。

下部　心道太极拳体悟

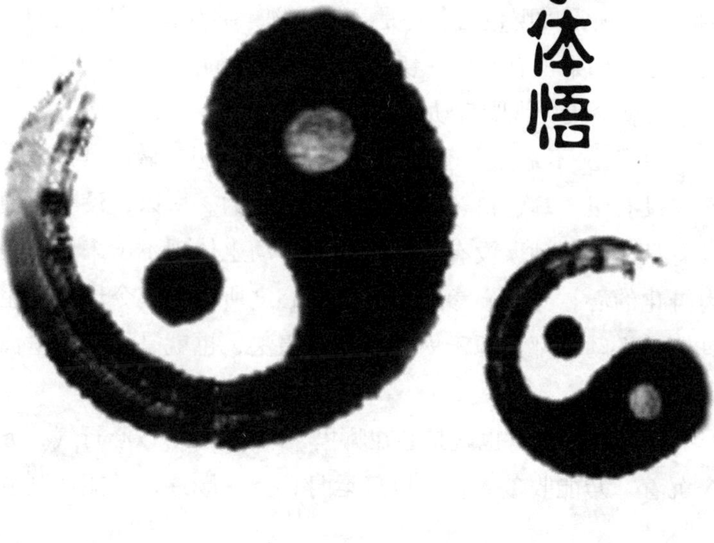

领悟篇

第一章　何谓心？何谓道？

人身上最重要的东西是什么？ 正确答案就是——心！ 德国最伟大的哲学家康德说：“世界上只有两件事最神秘，一是遥远的星空，二是深沉的心灵。”先贤庄子说：“心者，君主之官也，神明出焉。”这里的“心”不是指心脏，也不是指大脑。那么这里的“心”究竟指的是什么？它指的是人的一切精神现象的总和，它包括大脑的功能及身体的整个精神功能合而为一的精神全体。“心”是人的最高领导机关，是人的司令部，是人的个体智慧与自然智慧相连接的通道、载体，是使人成为人的根本。所谓的财色名利都是身外之物，唯有心才是生命的真实存在。如果没有心，一切都是空洞虚无的。如果心不存在，一个人就会丧失视听言动的能力。

“心”又不是独立存在的实体，“心”想要做出具体的动作，没有眼、耳、口、四肢是不能完成的。所以，没有心便没有身体的活动，没有身体则心的活动也体现不出来。心是肉身化的心，身是心渗透着的身。心之所以能够令周身产生具体的举动，都是源于内心里面的想法，也就是太极拳里面说的意。

意放在哪里，也就是心在哪里，拳谱说：“以心行气，务令沉着，乃能收敛入骨。以气运身，务令顺遂，乃能便利从心。”这就是说人的身体是由心主宰的，一切行动都是心的意念所支配的。心静对外界的感应才能明（太极拳的听劲）。心如明镜，只是一个明，则随感而应，应感而化。

就算是佛法高深和悟道的人每天也都在遇到新的问题，可是他们都能处理得当，并不是因为以前他们遇到过此类的问题，而是他们通晓处理问题的大原则，就是心如明镜。只要心中对一切事物的起因、发展、经过、结果能有一个正确的认识，那么在遇到任何问题的时候，就都能得心应手，不至于惊慌失措，手忙脚乱，所以说“心”的修炼是一切功法及学问的基础。我们练习太极拳不只是为了锻炼身体，更是为了内心的修炼，当练习者的“心”真的松静下来了，那对外来的干扰和攻击就无不应手而解，达到从心所欲的境界。当内心的修炼到达一定的高境界，自然看待事物也就更加淡定、宽容，从而对外来的力量自然包容，周身让外力无着力处，达到不争而争，让人知难而退的目的，此乃太极拳至高境界。

老子说：“大象无形，大音希声。”现实生活中，最大的形象反而是看不见行迹的，最大的乐声反而是听不见声响的。我们要时刻关注自己的内心，时刻去看看不见的、听自己听不见的，只有这样，我们的功夫才能着落在关键处。太极拳常说舍己从人，与其说是在听对方的劲，不如说是在听自己的内心。《六祖坛经》中记载了六祖慧能这样的故事：慧能去广州法性寺，当时印宗法师讲《涅槃经》，有幡被风吹动，因有二僧辩论风幡，一个说风动，一个说幡动，争论不已。慧能便插口说：“不是风动，也不是幡动，是你们的心动！”印宗听后竦然若惊，得闻慧能得弘忍真传，遂拜之为师。

好一个“不是风动，也不是幡动，是你们的心动”，这句话看似简单，其实包含了人心至理，道明了我们面对外力来临时内心的想法。我们的心才是我们的眼睛和耳朵，也就是我们的思想意识。我们的思想意识决定着我们的行动，心是我们行动的指导，也是我们身体感觉所在，即风知觉处都是心。这就是意识对身体的指导作用。同时，我们的每一个动作都能表露出我们内心的想法。在修炼太极拳时，只有先安静我们的心，从容应对外力，才能听劲透彻。只有心指挥身体切实行动，才能感到自身内心真实的想法；只有忠于内心的想法，我们才能发挥出身体及四肢真正的作用。当内心告诉我们自身的弱点，哪里有凹凸，哪里有断劲，哪里不柔顺时，我们才会调动周身的精气和劲路。做到身心合一，才能对外来的压力做出最正确的反应。

老子说："知人者智，自知者明。""明"是了解、通晓的意思，想要听明白对手的劲，就要先了解自己的内心，进而了解自己的周身，也就是我们常常说的"只要把本性功夫做好，则所有的道理都能通晓"。

佛能成为佛，圣贤能成为圣贤，并不是因为他们有法术，也不是因为他们有超能力，而是他们有无穷的智慧，那么他们的智慧是哪里来的呢？

据说这个世界上存在着一种神奇的东西，它看不到摸不着，却又无处不在，可轻若无物，却又重如泰山，如果能够获知这一样东西，就能够了解这个世界上的所有的奥秘，看透所有伪装，通晓所有知识，天下万物皆可归于掌握。

这种东西的名字就叫做"道"。

道者，天下之至理，固有之规律，不以意志为转移。道与天地宇宙相合，变化莫测，无穷无尽，是万物生长之根源，万事变化之枢纽。具体事物，必循其变化。道之本性便是：客观的存在，自然的法则。

儒家的道，叫做“理”，是从书中读出来的，而且是能够拿出去用的，一旦通理，便尽知天下万物万事，胸怀宽广，宠辱不惊，无惧无畏，可修身，可齐家，可治国，可平天下！通“理”者，我们一般叫他们为圣人。

佛法的道，谓之“悟”，僧人们一旦开悟，便会视万物如无物，无忧无虑，无喜无悲，看破世间万物万事，洞察一切人性，理解万民疾苦，拥有普度众生的无边智慧！“开悟”者我们一般称他们做菩萨。

而关于太极武者的道，则是手中无剑，心中也无剑。大家都知道眼睛里容不得一点沙子，同样修习太极拳的人心头不能滞留一个念头。我们的心就如同干净的丝帛一尘不染，只有保持这样，我们的内心才能做到心如止水，才能够尽心尽力地修炼以求悟道。倘若内心充满了与人争胜负，哪里还会有安静判断的心思呢？

俗话说：“学武之前，必先学道。”就是告诉我们要想成为一代太极拳宗师，必须懂得习练太极拳不是打打杀杀，不是欺软怕硬；也不是天天自夸功夫高强，随意与人好勇斗狠。而是路遇不平，拔刀相助；与人切磋，点到即止。只有这样，才能让太极拳的魅力充分展现出来。否则一个小人习了武，成了助纣为虐的爪牙，那这门技艺的意义就与大道相反了。

修炼太极拳必须遵循太极的“道”，太极为阴阳变化之道，天地人三才，日月星三耀，无不遵循太极阴阳变化的总规律。《易经》曰：“一阴一阳之谓道。”太极为万事万物变化之大道。遵循大道，培养根基，日复一日，年复一年。积弱为强，阴阳有序，强化肌体。气血畅通，周流不息，阴阳循环，延年益寿，从而能达养生健身之根本。体健身轻，始能谈拳法之技击。只有心中的“道”正确了，我们刻苦修习的太极拳才能绽放光彩。所以我们不能舍本逐末，丢掉心中的大“道” 而单独去求招数胜敌，那样只会浪费时间和精力，即便招数学得再好，也终究只是些花拳绣腿，难成气候。

佛家所说的心外无物，是说只有心中没有丝毫的杂念，佛性才能开悟。看破红尘，看穿生死，才能稳坐紫金台，不为外来诱惑所动。我们修习太极拳的人和修佛的人是同样的道理，只有一心一意地对待自己的心，把修习大道的其他所有诱惑都抛到九霄云外，我们的心才能安静，不会被外来的攻击所困扰，以静制动，以不变应万变，这样才能取得修习太极拳的成功。

老子说：“上士闻道，勤而行之；中士闻道，若存若亡；下士闻道，大笑之，不笑不足以为道。”意思就是，上等人听说“道”，努力勤奋，脚踏实地去做。次等人听说“道”，偶尔相信，偶尔不相信。一般人听说“道”，心想，这是什么狗屁道理，或这道理我早就知道！于是嘲笑之。如果不被嘲笑的话，这个东西就不是真的“道”了。当今太极拳，以我观之，练习太极操者有之，十年八年不得其门而入者有之，一味以力或招数赢人毫无太极拳味道者有之，一心求松而忽视其他劲路知阴不知阳者亦有之，概因同道敝帚自珍或自身还未入道，便来教人，美其名曰推广太极拳。可怜我堂堂太极拳术何至沦为老人健身操的地步！今提出太极拳当以心入道，结合现代科学的训练方法，从而提高习者练拳有成的时间和功效。练到何种地步不敢说，但以笔者十几年的太极拳教学经验来说，只要老师不是故意误导学生，教学方法没有问题，帮助学生按正确的练功道路进行，不走弯路的话，三年必有所成就。如太极拳有一天能不被当成老人的专利，当不负昔日拜师时在祖师灵前的誓言！

附上《行功歌诀》与同道共勉之！

大道不离方寸地，非存心兮非有意，更非胸中运精气，居心纯泰然，百体自相依。不着意兮不着心，无心之中是真心，无心之中无有形，虚无养成真虚灵，宇宙混一体，皆从自然生。

第二章　心道太极拳的理论基础

读者一看到心道太极拳的名字，就会想到不会是又出来一个新的太极拳门派吧？读者们大可放心，笔者没有开宗立派的野心，也没有成为宗师的实力，只是在继承前辈拳理的基础上，提出笔者在练习和教学中的一点心得和体会，如果能对太极拳习练者有所帮助，也算对太极拳的传播略尽心力了。

近年来，随着武术的发展和推广，出现了很多新的拳种和门派，太极拳更是如此。在笔者看来，这些新出现的拳法大多缺乏理论和实践，创拳者的水平也就值得商榷了。所谓新拳种，并不是编写一些不同于传统拳术的内容，抄袭一些本门派拳理，再编造一些简单的套路动作，就能在武林界里随便确立的。往轻了说是“欺师灭祖”，往重了说就是误人子弟，贻害无穷。一个新拳种的确立，必须符合几个条件：第一，必须有全面的理论体系；第二，有不同于老拳种的技术特点；第三，有令人震惊的实战效果；第四，有完善的功法内容和良好的传承能力；第五，得到武术界同仁和学员的广泛认同。每一个拳种的创立都是凝聚着几代人的心血，如八卦掌的董海川、形意拳的李洛能、杨式太极拳的杨露禅，这一位位武林前辈和他们的门人弟子用他们的惊人战绩，书写了一段段武林传奇，得到了当时武术界和后学们的推崇，他们所创立的拳种也自然被发扬光大了。如果不符合这些条件，就是把前辈的理论换个名字，那这样的新拳种是经不住考验的，是必会消亡的。

心道太极拳并不是一种新的太极拳法，而是解读传统拳学理论的方法，是来源于传统的拳学理论，继承了历代拳学的精华，在继承传统拳学的基础上用现代科学理论来指导太极拳的学习和训练，使之符合现代人的运动要求，更好地发展太极拳。

笔者根据与拳友和学生们的总结、理解，对心道太极拳的拳学理论和功法训练作简要的介绍。

一、确定以养气为基础的原则

太极拳是一种养练结合的拳术。和外家拳不同，它首先要强壮自身，先养好自己的身体才和外界对抗。养好自己的身体，不单单是腰不酸了、背不痛了，更重要的好处是内壮脏腑，古人说：“一身之理，以阴阳二气长养百骸，一身之内莫不含阴阳之理。”太极拳充分地运用了阴阳之道来解释人体的结构，以及如何利用阴阳之道来调节身体机能，保持身体内在平衡，从而达到健身、养生的目的。心道太极拳和其他内家拳都是把练习内气看作学拳的根本。中医学把气分为元气、宗气、营气、卫气等。气既然是人体生命运动的动力，离开了气，生命就要停止，所以《难经·八难》指出：“气者，人之根本也。” 具体地说，气在人体中有推动、温煦、防御、固摄和气化的作用。

元气

元气是人体最基本的、最重要的气，是与生俱来的。 体内元气由肾中精气所化生，起源于肾，汇聚丹田，通达全身。

元气也就是道家常说的“丹气”。我们看见人刚生了大病或是身体虚弱，就会说他元气大伤，指的便是他元气不足。我们练拳要注意补充元气，我在教学中常拿存钱和花钱来作比方，养元气就是存钱，发劲打人就是花钱，没钱了怎么去花钱呢？只有元气充足，练到气贯带脉、精力充沛，才能去谈防身技击、与人争雄。

宗气

宗气是由清气和水谷精气结合而成，聚于胸中，其气帮助呼吸，推动气血运行，是后天养成之气。拳学大师王芗斋提出“空胸实腹”，就是用后天之气以养先天之元气。

营气和卫气

营气由脾胃所化生的水谷精气生成，行于血液之中，具有营养作用，又称“营血”。其气通过任督、十二经脉和奇经八脉运行，营养全身。

卫气也是由脾胃所化生的水谷精微之气而成，但行于脉外、皮肤骨肉之间，遍布全身，无处不到。其气维持人体内外环境的阴阳平衡，抵御外邪入侵，安静体内。练内家拳的人在正确的练功方法下，不久便会感到身体的某一部分麻、胀、热，这就是气感，是“营血卫气”的感应。营气和卫气都源于水谷精气，它们平衡畅通，才能百病不生，外邪难以入侵。

元、宗、营、卫四气在体内的组成、分布、功能虽有所不同，但却是密不可分的，“气本一元”说明人体之气是一个整体。太极拳的“浑圆”就是将四气的运动规律化，达到相对平衡协调，气血顺畅。

太极拳调动人体内的元气，打通十二经络与奇经八脉，使通体透彻，运行舒畅，发掘潜能，改造身心。营卫之气融于丹腹，也是太极拳发劲的根本。元气充足，不但能改变人体的功能状态，还能使人脱胎换骨，产生意想不到的功效。

二、确定以内、外在感应意识训练的原则

精神和意识活动在心道太极拳练习和应用中占有相当重要的位置。人的精神状态在不同的意识控制下是有区别的，要想在精神上培养出拳术中需要的反应来，必须在练拳的同时加强意识假借训练。

人的意念关注某一事物时，关注的程度越高，意识就越强。将有意识的行为对内转化为潜意识的自然反应，对外在的刺激表现为无意识的自然反应，这种条件反射再按照太极拳的技击规律来进行意识强化训练，转化为人体的自然反应，这种本能在特定的情况下可发挥出意想不到的作用。

太极拳练拳、推手以及技击中的精神和意念的练习功用，应该是虚中求实、实中求虚，注重假借诱导和意识思维活动的统一，来恢复和加强人体自卫搏击的本能。

三、确定以“心”体察自身的听劲训练原则

身体的动静开合和体内的气血神意的运动都是由心支配的，认真安静地感知自身的劲路变化是听劲的关键。保持自身的均整不被外力破坏，从而感知更加细微，通过自身细微的变化去了解对手劲路的轻重、快慢、长短、方向的变化，达到无

论对手的压力多大也对我无作用，我自身仍能保持平时练拳的状态。

太极拳技击的高深原理，是意念和气场形成的圈，就像充了气的皮球，又像旋转的陀螺。球体内劲充足，球体的表面劲力均匀、阴阳平衡，旋转不断。无论在何种情况下，在球体任意部位受到外力时，都会保持内部的完整和统一，在不受外力时又无丝毫之力。 当用外力施压时就会感觉到圆中如有黑洞，没有力点并具有吸力，吸力的大小完全取决于外力的大小，使人心里自然产生恐惧感，这就是太极拳的以“心”体察自身，不受外力影响而形成的太极拳劲，形成的圆才是太极拳混元功夫。如果以听外来的力为主，就容易受外来强力影响，产生顶或丢的失误。

四、确定以现代科学为指导的训练原则

太极拳是科学的，这一点是毋庸置疑的。但千百年来人们在传习太极拳时，却加入了太多的玄学，使太极拳披上了神秘的面纱。这有前辈当时的科学局限性，但更多是人为地把太极拳神秘化，以抬高老师的身价。社会在发展，人的认知水平也在不断提高，古时认为只有神仙才能做到的事，在现代科学的助力下，普通人不也可以做到了吗？一切事物都是有其原理和规律可循的，如果只是一味地用神秘主义来解释老祖宗留下的东西，那祖宗留下的这点东西最后也只能是永远地神秘下去，最终成为传说。我所希望的心道太极拳的练习者，是以科学和务实的拳学精神来了解和训练。用现代科学的方法去整理太极拳学，先要丢开属于玄学的东西，进而求其实在的科学原理；

得到拳理，进而加以科学的方法练习，然后发现中间的精华。

以现代科学原理，如力学、医学、运动学、营养学等各个方面，去理解包括太极拳在内的所有内家拳法，找到更加科学的训练和教学方法，更加高效率地提高太极拳的养生和技击水平，是我们现代太极拳传播者的目标，也是我们的责任。

第三章　拳道杂谈

这一章记录了现在对太极拳的一些理解，既然是杂谈，就难免啰嗦重复。太极拳的每一种体用都不是单独的，谈到一种技法，说过的东西还会牵扯到，希望读者谅解。如果上部的基本功没达到要求，下部的看了也不一定懂，太极拳是一层功夫一层理，老师们切忌在学生功夫不到时讲他们接受不了的拳理，那样只会让学生更糊涂，搞不清当下练什么对他们是最重要的。如果你能看懂我本章里写的是什么而不认为我是在骗你的话，那我认为你应该已经完成基本功并且小成的功夫上身了。

第一节　听意打意头

听是听劲，打是发劲，这里主要是控制的意思。

听劲练到一定的阶段，就可以通过准确的判断，在对手的意念开始活动的一瞬间进行有效控制。

意念是指挥动作的源头，通过控制源头就可以封堵住力源，把对手的力憋死在体内。

找准对手的力源是关键，在对手动意的一瞬间，对手的力源很可能在肩上，我们可以通过对准关节的方法来堵住对手用肩来催动的力。如果对手的力源在脚上或是丹田、膻中等其他的地方，也不用担心，通过接触点细心地感觉对手意念的方向，在将展未展、将出未出的时候，将对手的意力封住发放。

太极拳常讲后发制人，我是完全同意的，问题是要正确理解后发制人的真正含义。不是说别人马上打到你身上了才化解反击，相反，真正的太极拳高手只有他打别人的，没有别人打他的。对手意念一起（妄动），我的意念顺对手意念而动，控制对手的肢体令其背式。

在推手或是散手时，我的意念要始终压制对手的意念，“敌不动，我不动，我意在敌先；敌微动，我先动，我意亦在敌先”。意念的强大在于内心的强大和周身的统一，它能让你准确地判断，全身服从心意的指挥，做出正确的动作。

封堵对手的意念，就好像和邻居打架，要堵在他家门口，露头就打，让他连门都出不来，但他不出来时（意念不重或不动时）我也不进他家去打。

发放对手除了整劲要好，守中和求侧也是很重要的。

这里的守中，不但是保护自己的中，还要看守住对手的中。

中是身体的中线，因为太极图是圆的，也可以理解成圆心或中心点。对手的中是你最好的攻击点，是他最难防护的地方。

在对手的意念妄动，也就是他想攻击你的时候，是他的中最难守护的时候，只要找准，往往能一击得手。

推手中通过接触点来找对手的中，因对手的意念先动，在接触点的肢体会有紧的感觉，一瞬间来力会变为明劲，顺着僵紧的部位是可以将劲打到对手的中的。

在问到对手的中以后，还要注意隐藏自身的中，你觉得找到对手的中了，可以放心大胆地进攻了，那就错了。太极拳讲究去三分、留三分、还有三分卫自身，就是有听死了对手的把握也不能孤注一掷。中国人讲究给对手留有余地，其实这余地是留给自己的，这最后三分就是要保护好自己，不要让自己的中露得多了，让对手反击得手。

在刚练单推手时，老师就应该告诉你什么叫求侧了。

在两个人都在运动中的时候，中是不断在变化的，哪里是中啊，对手凭什么不动让你推啊，散手时对手会敞开门让你打吗？我们在推手找中时，故意找多一点，求他的侧面，让对手感觉你没找到，但又不能不理，他一化刚好中就跑出来了，通过对手的侧，最后打的还是中，就好像散手中的虚招和点拳，明知道打不到，就是要骗你，让你的中自己跑出来。

有学生问我，老师你说太极拳不能和对手硬顶，那你封堵对手的意，不让对手的力出来，算不算顶呢？ 我没顶，首先对手意动时他肯定有要攻击的目标，也就是我可能露出的中或中的附近，但我的意和对手的意接触的瞬间，我的中已经藏好了，也可以说已经化了，只不过我化的是对手的意。其次对手的意和劲力在这时候没合在一起或是合在一起了而空间不够（在其内圆，没形成势，力上肩或两肘小于90°），这时我的劲力占绝对优势（我是整体的，对手是散的），这时若还不放手去发劲，岂不是错失良机？

在与对手交手之前，我们的意念要领起，也就是精神要提起来，全神贯注，不能有一丝懈怠；周身却要放松，不能有一丝僵紧。

第二节　莫让丝拉断

太极拳有“运劲如抽丝”的说法，但我这里说的丝和陈式太极拳说的缠丝劲、杨式太极拳的抽丝劲有理解上的不同。

张三丰说："勿使有凹凸处，勿使有断续处。"说的是意和气，我说的丝就是连接身体各部位的意、气。

丝没连起来，就是有断劲的地方。在推手中一旦断劲，就很难再把劲续上了，因为断劲会让动作出现滞，对手的劲马上会从断劲的点渗进来。

断劲会引起转换不灵，力源附近肌肉紧张，浊气上浮等问题。

在太极拳走架和推手时，由静入动，体内阴阳便需圆转自如，真气随心意运行，无始无终，如长江大河滔滔不绝。

身体内不是一根丝，而是无数丝处处相连，丝的感觉要越练越细，周身有牵扯而丝又不拉断。

当推手是两手往前推的力一致时（如老师表演时让学员或观众双手用力推），这时丝的断点往往在中间，力源点出现在肩上，实际上这时两手臂已经相互没有关系了，发出的是拙力。

很多老师在示范时，让学员推其身体的一侧或一条胳膊，然后将力转换到另一侧的手臂上，将学员推出。为展示化劲的从容，被攻击一侧的手臂往往全不用力地耷拉下来，其实这也是一种断劲（两手没关系了，丝一端挂在反击的手臂上，另一端在膻中或命门处，出现起点了），表演推手可以，真正实战较量时，这样做腰的转换是不灵的。一手化一手攻，相互之间是要呼应的，一边多一分则断，少一分则懈。

在每个关节和肌肉之间都应该有丝相连和牵扯，丝的感觉要细到梢节。

丝线的长度是有范围的，也就是教拳时常说的，"危险的地方不去，不舒服的地方不去”。和水平好的太极老师推手时会感觉对手的手臂长，这是人家的丝可以放得比较远，都捋到自己背势了，人家的丝还没断，这是功夫。

不能怕丝被拉断了就缩手缩脚，那就没丝了，气没贯到动作里，那就是丢了。

在推手时，对手的中往往成为断劲的点，这是因为急于进攻或修补自己所犯的错误，用拙力了或动作大了。所以找到对手的中，也不要急于进攻，要用意看住，让对手犯错，甚至一点小的失误（可以用拙力和速度弥补）也只是用意压制，扩大对手的破绽，只要对手断点出现，为了弥补断的地方，会不断犯错，这时用很小的成本就可以取得良好的效果了。

丝线的拉扯是二争力的体现，是气遍全身、周身一家的表现。丝是气还是力？力气力气，力和气本是一回事。“气至则力必达，气者力也”。

左右对称，上下对称，前后对称。左向前动一分，右就向后动一分。无论练习时的均匀和缓，还是对敌时的完整迅猛，都需要均整一致，节节贯穿，周身一家。

第三节　周身劲浑圆

内劲要随着内气的运转，分布到周身去。全身要练得像个球体，撑六抱四，与人推手，就像球体在滚动，让人摸不到中心和力源。

“形不破体，力不出尖”是内家拳的共同要求，即不让对手随意地攻进我防守的范围，保证我不犯扁、丢之病，要靠混圆劲来进行走化和防御。

浑圆状态是立体的，不是平面的圆或双手划的圈。要在全身拉丝（气的运行）的基础上，形成既放松又沉重的感觉（明明没用力，对手却感到很重），要做到皮肉松如棉，骨骼重如山。

浑圆状态不是说没有中和力源，只是要把中保护起来，不让对手轻易摸到，在对手的来力碰到球体的外沿时，整个球体要借力转动，让来力沿着球体的外沿边线（这时边线要形成切线）滑开，这样不但可以保护好自己的中，还容易造成对手的失重或中暴露出来。力源是在丹田和脚下（有人说在脊背，我认为那还是局部力），丹田气贯于卫气，分布于骨骼肌肤，攻击时可凝成一点，如掌吐珠，击透对手身体伤人。化来劲可散于脚下，不管攻击还是化力，劲都需要向六面发散，也就是向前、向后、向左、向右、向上、向下都是相等的。力源如在其他地方，就不是浑圆，会出现断劲，断劲后用的力是局部力。

浑圆的球体可大可小，大时可膨胀压迫对手，使对手的空间变小，但不能出尖，出尖圆就破了；小时可以无形，收回丹田或松于脚下，完全藏起来，但浑圆还在。具体用时根据对手劲路，忽隐忽现，忽收忽放，或形于外，或藏于内，任对手千变万化，我自真气充足，圆转如意。

在浑圆劲充足的情况下，可以“以球体砸球，以中碰中”。这个技术在三种情况下可以运用：一是我侵入对手的内圆，对手已经破圆了，中出现断点，或我的圆将对手的空间压扁，可以发放对手了（推手时可以如同将所抱之球抛出，散手时如将掌心所含之珠或拳面所挂之珠射出）。二是感觉我的丹田比对手的丹田气要足，均整度要好，我是坦克你是小车，摆明了欺负你，对准你的中，就是砸进去，让对手封又封不住，化又化不开（看住中）。三是对手大力压过来时，我的球体变小，将来力化解，待对手旧力已去，新力未续时（断劲，这时对手往往萌生退意），球体向外膨胀，意专注对手中线或力源，将对手弹出或击出。

有学生常问我，用浑圆时会不会和对手顶呢？我很明白地告诉他，会的，在你的浑圆劲不如对手时，走化不掉，就只有顶了。球体在可以滚动时是不会顶的，只有滚动不起来了，才会顶。但顶住了，也不用怕，只能说明你太极拳的水平和对手差不多（在对手不能将你干净地发出去的情况下，因为他也顶了），这时谁变点快，谁就占上风（后面会讲），变不了也不代表会挨打，因为怎么顶也是有学问的。当对手防御圈小时（肘关节小于 90°），你当然可以顶，甚至能看住对手的中，压迫对手让他断劲。在两人的中间你也可以顶一下，但愿你的丹田气比对手充足，千万别上肩，局部力是顶不过整体力的。当你的防御空间比对手小时（肘关节小于 90°），对手侵入你的内圈，又难以走化（脚被听死了，不敢动，一动就全失），这时你只能把力合到腰部以下顶了（别和我说要松到脚下，要是能松到脚下，就不会这么背势了），含胸，放松肩，两肘尽量贴近两肋，意念放到脚上，全力防守别想攻击了，盼望对手的长力快点过去吧，如果对手还有余力变成短劲时，那就只有挨打了。我见过很多练太极拳的，就练化，不练发，和人交手时，宁可被打也不顶（但丢了啊），这样练习是可以的，但真的和人散手时，我只能说没被人打死你真幸运。我曾经碰上一位太极拳老师，化我的力时两手都化到身后去了，腰弯得像虾米，嘴里还说我还能化，往下一压就趴在地上了，这也算他化了吧。太极拳的根本就在于变通，不知变通的人练几十年也是白练。

第四节　接迎一瞬间

关于接力与迎力的区分，最早是在台湾听一位太极拳前辈提到的，之后对这个问题很感兴趣，深入地考虑过，也和同道探讨过。

我的理解是迎是主动的，接是被动的。

迎是对着对手的来劲的力源迎上去，所谓“渡河未济，击其中流”。提前控制，是我在教太极拳散手中反复提到的。在对手形成势之前，判断准对手的路线，将对手的劲路封死在力源附近，让他的劲出不来，是最好地化解攻势的方法。提前迎击，御敌于国门之外，拉开攻击空间，逼迫对手让出中门。

迎力的关键在于迎中有化，化打结合。要错开对手的来力，不能与来力正面相碰（除非你的功力好出对手太多，否则不划算），要听准力源，找准对手来力的侧方位，在接触点的位置与来力发生摩擦，错开的方向越小，你的判断越好，产生的效果就越好。

旁观者看到的是你迎着对手堵上去了，实际你没有碰到对手的力点，躲过了锋芒，关闭了对手的大门，所以说太极拳高手打人，别人看不出是练太极拳的，和影视作品不是一回事。接手后一看对手没东西，迎上去，脚踏中门，抬手一碰就完事了。

接力是被动的，迎是你知道客人要来了，速度、路线、远近、方向你都知道，当然要去迎了。接是对方到你家门口了，你才知道，没办法出门迎，在家门口接吧，对手快点就进家门了。接力是在来劲的中期或末期才急起应变的，这时已不能提前控制对手了，要以化为主，接来势回收防守，能黏则黏，能走则走，顺势而为，待其久攻不下，力竭断劲，回收想跑时，顺势反守为攻。

接力时要注意久守必失，要化中求进，步法尽量走斜方位，不能连续后退（退的永远没有进的快）。

接力时如发现对手用的是拙力或是出现断劲，可以合住劲，把对手的劲放在腰上或脚下，借地面的反作用力发放。要注意的是，如判断错误，那你就失去走化的机会了（因为脚重了，难以活步了）。在散手中除非你可以瞬间发力，否则这个方法不适用。

曾有学生站着不动，让一爱好者随便推，他后来问我，为什么每次他都要化不开了，只要对方再加点力，或是第二个力来的快点，他就被对方推动了，可是每次到关键时，对手就要重新开始呢？我说："那是因为对方的力是拙力，他没法连续出力，每次都是有断的地方，第一次力竭后要重新蓄力，而你回复到整合的状态的时间要比对手短很多。"

接力与迎力，都要靠时机的把握，在接触的一瞬间就要完成。这种准确的判断需要听劲达到一定的水平，还需要丰富的交手经验。

第五节　开合一定间

太极拳的运化，不论进攻还是防守都是有一定的范围的，出了范围就是过，“过犹不及”是太极拳的大忌。

太极拳的一切理论都建立在太极图上。也就是形成立体的圆，阴阳变化、吞吐开合都要在圆内进行，这样才能使阴阳圆转如意，内劲生生不息。

太极拳的运动，不论拳架还是推手、散手，都不能破坏整体的均匀（不是速度而是力的分布），任何蓄力或是发力都要在自己可以控制的范围内进行。太极拳讲究去三分，留三分，还有三分卫自身，宁可打不了别人，也不能让自己有危险。

很多练传统武术的看不起现代武术，尤其看不起西方的格斗术，如拳击等，这恰恰是不自信的表现。在我看来拳击的训练方法是有我们可以借鉴的地方的，甚至是符合我们内家拳的技击原理的。我经常让学生去看泰森比赛的视频，泰森在比赛中常常步步为营，双拳和身体形成弧度，上步时如球体运动，双拳很少像其他拳手一样长距离攻击（这样打击力度差，断劲明显），而是用稳健的步法不断将对手逼迫压制，没有把握的情况下很少出拳，在自己的范围内给对手以猛击（上身的放松、步法的置换、精神的集中，都符合内家拳的特点）。

在与人交手时，要注意脚步与手臂、身体的协同，要敢于调动对手，如对手的圆破了（防御空间），要敢于切入对手的圆，利用对手急于修补破绽造成的顶、滞、断、瘪等病，以圆碰中，击打发放。发放时蓄劲越短越说明功夫好，要让对手和旁观者察觉不到你蓄劲了，我们刚练习合劲时经常要坐胯、含胸，甚至在打拳架的蓄力还要把拳头收回来（这是错误的练法），以求发出的力最大化，这在中后期的太极拳的练习中要完全改掉。蓄力基本在抬手间就完成了，发力更是短促，A 点到 B 点的攻击距离心意一动就要直接完成，决不能回缩，那样会使攻击距离拉长，让对手有时间在攻击路线上粘黏控制。在发劲时要手、脚、身法协调同步，脚到手到身也到，打人如同开玩笑。

第六节　呼吸任自然

太极拳的呼吸要求细、轻、长、深、匀的腹式呼吸。在前文中我已经讲过太极拳架中，不用刻意地用呼吸去配合动作，在太极拳推手和散手中呼吸也是自然就好。

在推手中，听对方的呼吸也是判断对手的方法。当两人搭手后，静静听对手的呼吸，感觉对手呼吸的规律。一般对手要攻击时，呼吸的节奏会打乱，有时蓄力时会深吸气，用拙力时呼吸会变得短促，紧张时呼吸间隔时间会变短，呼吸变浅。

从呼吸上我们还能听出对手的中和是否断劲，如能准确捕捉对手吸气的频率，吸气和呼气的转换点会有断点，在对手刚吸气时找准对手的中，等其要呼气微微下沉还没完全沉时，果断发出劲打入转换的断点，效果是比较好的。当然，前提是能听到呼吸转换的断点和把握住机会。

在推手中，呼吸不能太明显，以防被对手听出破绽。散手中更要合理地分配气息，不能很快就暴露出气短劲断的问题。劲是靠气的运行分布的，气跟不上，劲很快就没有了或是断了。呼吸是补充元气充足的前提，武术家们在打斗中很少会出现气喘吁吁的情况，一方面固然是元气充足，更重要的却是自然的腹式呼吸给丹田提供了源源不断的后备军（氧气），足以抵得上消耗了。

呼与吸交换时，要有如同弧形的短暂过渡，过渡时要没有停顿，细微圆滑地自然完成交换。

第七节　形散意不散

太极拳重意不重形，有“不求形相似，只求神意足”的说法。在走架时要强调形断而气不断，推手时要形散而意不散。

在推手时外形上的三合固然重要，但不要处处拿着架，因为这样容易导致局部紧张，打起来难以放松，影响发挥。

在功夫练到一定阶段后，已经不需要靠外形上的饱满来进行防御了，外形要与意分开。搭手时，肢体肌肉越放松越轻越好，而意念上却要保持高度的紧。这里的紧不是僵紧，要看住对手的中，可以应变各种状况。在肢体上，放松可以使听力更灵敏，反应更迅速。在手法上要不断引诱和欺骗对手，使对手感觉有机可乘，使对手出尖破体，盲目出击，孤军深入，发现对手出错，心意可立即指挥外形上的整合，锁、封、扣、缠将对手劲路封死，令其欲进难进，欲回无路。

“示之以弱，逞之以强”，是我提出的心道太极拳街头实战原则，太极拳推手到后面与高手比试基本上都是比谁更有欺骗性。阴转成阳再转成阴，一来一往，欺骗对手的目的就达到了。堂堂之阵、正正之师是硬打硬碰，不是太极拳。

感觉对手水平高于己而没把握时，要加重意念，在气势上要不断压迫对手，给其压力，令其不敢妄动，肢体要更松，不能给对手机会。对手水平与己相当时，意念可相应放轻，视敌而动。总之要外松内紧，含而不露。

在推手中还有一种情况比较常见，当攻入对手圈内时，对手顺势形成合力，长劲难以攻下，短劲没有把握，这时往往会选择撤退回来防守，使力撤得太快，这是非常危险的。正确的方法是，肢体保持原状，意念继续给对手压力，而内劲逐渐回撤（放松下沉），不给对手反击的机会，这时形与意也是分开的。

心为人体内自然的本性，是人体内部的指挥部，五官百骸肢体无不听从于心。

意是意念，是外界对心的影响反映出的本意。不论是有意识、无意识，都是这样，我们不论练习哪一家的太极拳，都要淡化有意识，强化无意识，但完全无意识也不对，又过于执着了，“有意无意是真意”。我们和人交手时，由于对手的不同，会遇到各种各样的招数和劲路，会对我们产生内在或外在的影响。我们的本心要坚持不动，所谓“他强任他强，清风拂山岗；他横任他横，明月照大江”。意念却要随外应的变化而变化，由始至终全神贯注，排除杂念。肢体服从心的命令，也感应着外界的变化，通过接触点听劲，传送到心，对手一有进攻的状态，只要一有感应，就要瞬间做出正确的反应，这是心指挥意，下意识做出的命令肢体由静到动的过程。古人讲“心意君来骨肉臣”，就是强调心有所感，意必有所动，心意为主，外形为辅，要重意而轻形。

第八节　圆空气不空

圆是圆和之意。太极拳一举一动无不成圆，初学者肢体要处处划弧，但学了几年推手散推，还两手不断在身前划弧，我就不知道这是在干嘛了。

太极拳练到一定阶段后，推手时身前的圆要能空，也要敢空，完全放弃紧张感，放松拉长关节，把对手放进来。圆不是不在，而是无处不在，无处不圆。古人说“妙手一运一太极”，不是说两手划出的圆，而是说，就算我是直拳打出去，圆也是在的，融入在太极的阴阳变化之中。

气需敛，也就是不能散，要收到骨子里，不能让对手察觉到危险。用气来贯穿全身，甚至来与对手相连（以意行气），这样才能在诱敌时极柔软，使对手放松警惕；对手入了圈套时，意气外现，化柔成刚，顺敌之势，可便利由心。

周身顺随时，还要和对手连动，大家一起向一个方向努力；在引对手时，还要时刻注意帮助对手，有时还要故意露出中，让对手大胆地进。中不能让对手摸实了，在对手进的过程中，意念和手臂要在对手两侧，甚至意念要到对手身后去，看似帮助，实是引导对手失重。在一定的位置（失重出尖）或对手的顶劲出现时，放空我的中，让对手失去目标，入我机关而不知。“引到身前力始蓄”，怕是晚了，还是初级功夫。气在运行时，要丝丝入扣，相连无端。气运行丝间，忽隐忽现。气敛入骨，神舒体静，刻刻在心。

圆的放空，是为了将对手放进来打，这要比御敌于国门之外更省力，效果更好，难度也更大。接触点要引动对手，快了对手的力跟上来，就引到自己虚弱被动处了；慢了被对手黏上，就甩不掉了。要点是完全和对手同步，舍己从人，与对手的意气相连。还不能完全听对手的，要将对手引到你的轨迹上来，最后按你的节奏走。

圆放空了，不等于没有了，要包裹对方，将对手融入你的空间。在你的空间里，也就是你天天练习的东西，都练熟了，这时打起来，应该不会或很少犯错了，自信心也会变强。就好像你和外面的人打架，你把他困在你家里，刀子、棍子的摆放你都熟，哪里有个坑你都知道，打起来信心自然足。

放对手进来当然是有风险的，但是当对手进攻时，其实他的中也会暴露，加上进攻时的起意重，气会上浮，会出现很多断、紧、憋气的问题，这时也是反攻的机会。

切忌丢，这是初学者引进时常犯的毛病，控制不了对方的劲了，会导致放进来后背势挨打。

在推手时，无论任何状态下，都不能让对手的手碰到自己除手臂以外的地方，有很多老师为了显示自己身上也能化劲，故意让对手的手肘碰到自己的胸腹等处，这其实是将命交给对手了。身法化是指身体中线如成为对手的打击目标时，敌未动，身已有感应，与手相配合（如活步还需与步法相合），提前转换的方法。

进攻往往是最危险的时候，任你功夫再高，也没有不露出破绽的。要打人就要做好挨打的准备，因为接触点发劲的一瞬间必然是刚劲（这时的刚劲，需是柔劲转化的，所谓“有心求柔，无意得刚”）。太极拳推手和散手瞬息万变，刚柔变点转换，很难说对手就没有后招，所以要留有余地，以能应变。

第九节　虚实变中求

太极拳拳谱说，“虚实宜分清楚，一处有一处虚实，处处总有此一虚一实”。虚实即为太极拳阴阳变化。我们知道阴阳具有无限可分性，阴中含阳，阳内有阴，阴中还能分出无数阴阳，阳中亦是同理。在练习太极拳的初期，学者在练习拳架时，常常进行大范围的虚实转换，动作明显，过程简单。在中后期的推手和散手中，要变成虚实转换之间没有明显的界限，在很小的范围内进行，难以让对手察觉，内含虚实而不外现，方寸之间可随意转换。

太极拳的虚实变化首先要在圆内进行，讲究过犹不及。虚实的转化，也就是精神和肢体肌肉的刚柔变化，柔和刚，都不能超过圆的范围（也就是刚柔的界限，不能全刚全柔）。松柔不是全然无力，全然无力就会懈怠软丢，这将失去变化的敏捷性和防卫性，刚劲太足就会过度紧张，以致肌肉关节处僵紧，反应慢，动作呆滞断劲。因此，超过一定限度的纯阴和纯阳，不仅不是太极拳的虚实，反而会制约太极拳虚实之间的变化。

如果把太极拳的运动轨迹看作是由无数条直线和弧线组成的，那在线上的每一点都可以进行虚实变化，柔点随时可以发劲，刚点随时可以放空。在练习中要从面、线、点由大到小去体会虚实变化。

虚实变化关键在于变，虚实关系是相互交换的，最典型的就是两腿的虚实变化，我称作轻重置换。世界上没有一种对抗的竞技武术是可以站着不动的，唯独定步太极推手可以（我是反对长期练习定步的，它会妨碍散手的练习），因为它和其他技击术一样也在进行重心的转换，只是更加细微，更加灵活。两腿上重心的轻重置换既要遵循三七到二五的关系，还要根据情况调整分配，在每一点上都可以重新进行细微的转换。等到这种转换在活步推手中能运用自如时，在散手中步法的灵敏度和稳固性就可以兼顾了（我们常看到练习散手的人，在比赛中，有的下盘不稳，也就是没根；有的过于往下扎，是稳了，但反击启动却慢了。太极拳的由定步到活步的训练方法就是为了解决这个问题）。

“遇虚当守，得实即发”，是运用虚实的原则，是说在没有摸清对手的虚实转换规律前，应当以松沉为主，不能急躁，待对手转换不灵（找到变换的中点了）马上变松为刚，果断发放，不可犹疑。

在推手中，化解对手来力时，应注意不可简单重复。比如，对手来一个力，我如此化，马上还是来了一样的力，还是一样地化，对手就会从这两个变化中找到虚实的规律，下一次如果还是如此的话，就会被动了。

我师父常说“面对面，立即变”，当两人推手发生了顶牛时，谁也不敢后退，一退就全线崩溃了（一说起顶牛，很多太极拳家无不咬牙切齿。其实顶牛不能说是练拳者的错，明明推手是一种训练方法，偏要搞成竞技项目，选手如实力相当，又求胜心切，可不就顶上了，搞得现在私下交流也变成想赢怕输，推手变成顶牛比赛了），这时谁敢于在点上变换虚实，谁就可能把握主动。

第十节　大道似水流

太极拳是道，练习太极拳就是修道的过程。庄子在《大宗师》里对道作了这样的解释：“夫道，有情有信，无为无形；可传而不可受，可得而不可见；自本自根，未有天地，自古以固存；神鬼神帝，生天生地；在太极之先而不为高，在六极之下而不为深，先天地生而不为久，长于上古而不为老。”此话让我们对道的特征有了明确的认识，道为万物所依存，同时却又永恒变化，道可以心传而不可口授，可领悟而不可认识，道不仅是产生自然的根本，也是自然万物运行和发展的规律，但却对万物具有逆反性。听上去就仿佛道就在身边、就在我们面前，但要把道抓到手上细看为何物时，却发现两手空空。在这种欲知而不得的尴尬中，先贤们把目光转向自然界之时，便发现了水，认为水与道最为接近，便以水喻道。“观水其无形，触水其无状，尝水其无味，闻水其无声”，而水又确实存在。在中华传统文化中，水具有特殊的地位，它和太极拳之间也有着深深的联系，“天下之至柔，驰骋天下之至坚”，是太极拳的技击之道和水之间的共性，是前辈们格物取意的至理，从这里可以看出，太极拳可以完全说是水性拳。

水和太极拳的共性

流动性。“水之形，避高而趋下”，水是流动的，并由高往低流动。在太极拳练习中，要求意气不断，如长江大河滔滔不绝。在推手中，我们的意气劲要像水一样往对手空隙处流动，将意渗透进去。千里之堤，毁于蚁穴。只要有小小空隙，哪怕如丝般细小，水也可渗透，令其防线断裂。水在流动时遇到阻力会绕过阻力，迂回前进；太极拳推手时，如遇对手阻力，也要向旁边迂回让过对手的力，最后向对手的空隙处流动。不论对手如何阻挡，路线可以变，目标是不变的。在散手中，水的避高而趋下的特性，也让我们了解太极拳不能处处有争胜之心。示之以弱，逞之以强的技击原则是我反复提到的，在运用太极拳时要学会舍得，如有被制的地方，就要果断舍弃，不争一时一地，如果水争得太多，它就不可能自由地流动，水利万物而不争，不争而争才是太极拳的至高境界。

包容性。水溶万物，海纳百川。太极拳与人交手时要将对手来力融入自身的环中，然后向四周扩散，将力化于无形之中，就好像用力将拳头打入水中，水遇力会向四周散开然后将拳头包裹起来一样。同步融化对手的来力，包裹住对手，使对手的力落于空处，自身的力进行发散，淹没对手并产生漩涡，破坏对手的平衡。“使敌深陷此圈内，四两拨得千斤动”。太极拳也和水一样，博大精深，对各门各派的武术都能兼容并蓄，梅花太极拳、心意六合太极拳、四维太极拳等，都是与其他兄弟拳种合并而成，在实践中，练过其他武术或西方格斗术的人，再练习太极拳，会发现以前的功夫会大为长进，这已经是学者的共识了。

公平性。《说文解字》对水这样解释：“水，准也。”水面是最平的，些许倾斜都会破坏其形。《太极拳论》说“立如平准”，就是这个意思。太极拳不论走架和推手都不能忽高忽低，左倾右斜，前俯后仰，要尽量在一个水平面上。“北方之行，象众水并流，中有微阳之气也”。 水外阴内阳，散手更要冷静沉着，不妄动，藏锐气，保持身体中正，待机破坏对手平衡。

可塑性。水无色无味、透明无形，把它装在任何器皿中都能呈现器皿之形。水的这一特性与深受道家影响的太极拳所讲的无形无象、舍己从人、不断变化全然相同。在和人交手时，不论遇到何种情况、何种力量和技术，都要因敌而变，因势而变，不能一意孤行，还要做到轻、柔才能来得及做出敌变我变的反应。遇敌时不可拿架，拿架容易滞，就难以变化流动了。

纯洁性。流水不腐，其质最纯，练习太极拳时要尽量不生杂念，站桩时更要不受外界影响。对敌时，心中只有对手动作，而无对手，空即是有，有还要空，说空实有，有就没空，空了才能感到对手来力的本质，不受虚假的动作蒙蔽，直接找到对手的弱点。高手对敌往往一瞬间胜负已分，便是如此。

矛盾性。“天下莫柔弱于水，而攻坚强者莫之能胜，以其无以易之。弱之胜强，柔之胜刚，天下莫不知，莫能行。”柔，既是水的法则，又是力的象征。柔并不是“懦弱”，而是真正意义上的强大。水具有柔的本性，水滴石穿是说柔能胜刚，却要花费时间，但当石头落入滚滚急流中，随水翻滚而下，石裂山崩而水却完好无损，这时的水又是剧烈的，是令人畏惧的。所以水是矛盾的，它是阴柔的，可需要时也是阳刚的。太极拳如水，既能阴柔无形，亦能如海中之巨浪翻滚，如江河中洪水奔腾，其既有源源不断的丹田内劲，心意的波澜不惊，身步的变换轻灵；又有迂回曲折之本能，随机应变，避实击虚，无孔不钻，化打合一。心道太极拳讲究意足而形松，阴在其外，阳藏其中。我师父说：“有阴无阳是软手，有阳无阴是硬手，阴阳变换是高手。”太极拳技击之术是水胜之术，也是阴阳相谐之术。

三态性。水，散则成气，聚而成冰。太极拳在练习时要求先肢体柔顺（求柔），而后散于四梢（求松），而后发力时气聚神凝（求整）。

太极拳技击较量时如遇太极拳高手，当以水制水，因势利导，顺其来势，破其重心，根基安稳。当其来力小、缓、慢，可封堵，但不能全力封堵，要兼顾各处，不能断劲，不能有空隙，让对手的力渗透进来。对手意动明显，力长，可用截水之法，力出一半而截击，控其中节，断其劲，对准断点渗透进去。力大可引，力急可化。对手力往下沉，就发散如深渊；他如小河，我便似长江；他如瀑布，我便似深渊。

深思水与太极拳的共性，可以进一步领悟太极拳的哲理。在教学和体悟太极拳时，能给我们很大的启发。

散手篇

第一章　从太极拳推手到太极拳散手

太极拳推手是太极拳为了模拟实战技击的一种训练手段。这种训练手段可以让练习者在不用护具的状态下，通过双方刚柔矛盾转换的运动来感知自身及对手的阴阳变化，达到控制与反控制的目的，并检验太极拳的各种技法和原则在接近实战情况下的运用。对太极拳推手的研究和训练，都要以实战为目的，通过推手检验太极拳的知己和知彼功夫，提高近身搏斗的能力。

太极拳拳架为体，技击为用，太极拳推手是体用的过渡阶段。太极拳前辈创设推手的目的，是为了让习练者对太极拳意念与形的运用得到检验，而不是为了推手而推手，如果认为一切太极理论都是为了推手而服务的话，就是本末倒置了。

在太极拳推手练习中，经常有学生问我，太极拳的招数动作可以在推手和散手中应用吗？我的回答是，你觉得可以用就可以用，你觉得不可以用就不可以用。问出这个问题，就说明其水平就是要用招数的水平，还没有入道。但完全不用招法，就会意念上有，动作却跟不上，这也不对。正确的做法是要练习单式的运用，然后将其融入意念中，变成潜意识，便可运用自然。很多太极拳练习者一看有人用招数把自己打倒，他就说了，你这是小功夫，不是高层次的东西，问题是你都被低层次的放躺下了，那你不成了没层次了！关键不是对手用不用招法，而是符不符合太极拳的拳理，运用得是不是自然。金庸先生在小说中写太极拳要学会招数，然后忘记招数，应用时才能自然，心中不受拘泥。这种说法真是对太极拳的体用理解深刻。我一直是主张技击时要应物自然，不需要用招式，但前提是要练习过，并练习得很好。有了之后才能空，而不是一直啥都没有。

太极拳推手能否转化成太极拳散手的标准就是控劲。以前看过一篇文章，题目忘了，上面说三大内家拳的运用，形意拳偏重于整打人，八卦掌偏重于闪打人，太极拳偏重于黏打人。我觉得虽然不全面，但如果只用一句话概括的话，其说得还是有道理的。不是说太极拳不重视整，而是黏打对太极拳来说太重要了。张义敬前辈曾经提到太极八法掤、捋、挤、按、採、挒、肘、靠是黏劲运用的表现形式，这种观点我深表赞同。我对黏的理解就是控制，控制对手的劲，控制对手的重心，让他不舒服，让他背势。我顺他背，我舒服他不舒服，我重心稳他不稳，我能打他，他打不了我，这时对手完全在我控制下，这就是黏制，也就是控劲。在实战中，只要有一瞬间黏住对手，就可以打了，不用黏得太久，因为实战中变化很快，未必像在推手中通过压迫，能找到更好的点，在这一瞬间只要感觉自己是安全的，黏住劲了，就要进行黏打。如何黏打，后面提及散手的时候再说。

能否黏制住对手，关键在于听劲。要用心意来感知对手来力的方向、快慢、长短、大小、曲直，要顺人之力，让其落空，才能判断出对手的力源，进而控制其重心。听劲的进步，在于用心感知，用意渗透，进而控制对手。心道太极拳推手讲究控肢体为下、控路线为中、控意气为上。

太极拳推手练习是太极拳散手实战的基础，没有推手的各种练习，是练不出“人不知我，我独知人，英雄之所向无敌矣”的上乘太极拳实战功夫的。

那么太极拳推手练到什么水平可以进行太极拳散手训练呢？我认为达到两个层次的太极拳推手的练习者可以进行太极拳散手练习。一是听劲有一定水平，能运用黏劲控制对手，在推手时，通过接触点，能判断对手的重心，发放时意念和动作能做到统一，发劲果断干脆，不拖泥带水。二是已经达到无形无相、无迹可寻、全身透空、应物自然的高深境界了。推手到达的水平决定太极拳散手的水平，但太极推手的水平不等于太极拳散手实战的水平。有很多太极拳推手水平很高的练习者，没经过太极拳散手的训练，一实战就发现平时练的就完全忘了，不知怎么打了。所以，不论太极拳推手达到了什么高度，也要进行太极拳散手练习。

散手，就是实战搏击的组成部分，因为是徒手搏斗，所以称为散手。太极拳的实战搏击应从散手开始练习，因为在技术上太极拳散手是在太极拳推手的基础上形成的。那么哪些太极拳推手的形态在太极拳散手实战的应用中能充分发挥作用呢？我认为还是听劲和黏劲，也就是知彼及控制。听劲和黏劲要想在变化更加快速和凶狠的搏斗中运用，就要比太极拳推手中的运用有更高的要求，因为实战搏斗是生死之争，没人会摆在那让你慢慢听。我认为在太极拳散手中主要做到听劲和黏劲这两点就可以达到目的了。

控制对手意念（断意）

太极拳推手的听劲和黏劲主要是通过接触点来判断和控制对手，我们知道心起意，然后通过意念来指挥肢体做出动作。

在太极拳推手的中后期，我们通过接触点来感知对手心意的变化，并据此来判断对手肢体的动作。但在散手的初始阶段，我们无法从接触点来获得需要的信息。有人说可以通过接手一瞬间的毫毛来感知，其实还是太极拳推手的要求。因为我们想接手，对手想击打，这时有这个接手的念头，都是危险的。正确的做法是应该与对手的心意相接，通过意念来感知对手的意，进而做出判断。

除了听对手的意外，我们还要去黏对手的意，也就是控制对手的意。让对手的意吐不干净，我的意念永远根据对手的意念变化，而对手如果不变化又会被我的意念困住，意念变小，难以对肢体传递出信息。

上面说的其实很难被初学太极拳散手和推手听劲还没达到毫毛劲的练习者所理解。举一例子好了，我曾碰到一位外家拳练习者，他当时对我说："刘老师，你天天讲意念，我扔地上一百块钱，你能用意念给我捡起来吗？"我说不行，我不是变魔术的，我做不到。他就说："那你天天练心练意有啥用呢？"我当时见有很多拳友在场，也是一时好胜（还是修为不够啊），就说："听说你的拳速快，我们试一试，我可以让你一拳也打不完。"他当然不信，我们一动手，他就发现，只要一想用拳打我，我的拳头肯定在他鼻子前等着，不论他如何变步子和身法，我的拳头始终在他面前跟随着他。试完手后，他感觉很羞愧，挺大的人脸都红了。旁边的人笑道："你老说自己手快，今天碰到比你快的了吧。"我说不是我的手快，是我的意看住他的意了，他不敢出拳乱动，空间愈来愈小，我后面只要看住他的中就行了，不用多少肢体的变化，当然就感觉我比他快了。这个例子不是说外家拳或是那位拳友的功夫不行，没有贬低的意思，只是想让大家明白控制对手意念（断意）在实战中的重要性。

形成势（控劲）

这里说的形成势不是间架，而是在与对手近身搏斗时，要形成太极拳的得势状态。在瞬息万变的搏斗中，我们的肢体难免会与对手的肢体相接触，这种接触的时间非常短，这就要求在瞬间的听点和阴阳变点的时机把握上要准确，利用听点来判断，用变点来控制对手的后续劲，形成经常练习的太极拳推手的黏制状态。

形成控劲的状态，对时机把握上的要求是很高的。不能后退躲闪对手的来力，要采用迎击和侧击的战术，封堵对手，一旦接触上了，马上卸力变点，控制对手重心，黏上对手，不给对手变劲的机会。

控劲不需要太长时间，这不是推手，不要想着推对手，也不需要将其发放出去。要充分利用黏住对手劲的一瞬间，发出短劲，对其猛击，但不能将其击打出去，而要不断控制对手的重心，让对手没有空间组合攻势，不断被动挨打。应在控制对手的情况下，连续攻击，让其彻底丧失抵抗能力。这才是太极拳的控劲打法。

太极拳推手就是训练自身及对手的阴阳转换能力，调整和控制重心的平衡，从刚学习太极拳推手时的顶、丢，到后来的不丢不顶；从刚开始的局部力量到后来的内外相合，轻灵均整，这就逐渐由太极拳推手向太极拳散手过渡了。太极拳通过拳架、站桩、单式、推手练出的知己知人功夫，在太极拳散手中将得到更大的发挥。

第二章 心道太极拳散手训练

太极拳在进入实战前，先要进行必要的训练，这时的训练是在太极拳推手的基础上，针对散手实战进行的技战术、体能、心理等方面的训练。这种训练既要适合街头防身自卫的搏斗，也可用作擂台上的散打竞技。

第一节 太极拳散手中的拳法训练

所有拳术都注重拳在实战中的作用，太极拳也不例外。太极拳把拳打称为捶，在拳架中演示了各种各样的打法。到了练习太极拳散手时，对拳的打法要求简单化、迅捷化。在练习初期，可以按太极拳的阴阳转化和争力原则进行慢动训练，以求均整，然后逐渐加快练习速度。开始时可以定步练习，后期要配合身法、步法和脚法进行活步练习。心道太极拳的拳打在运用时动作和其他技击术相差不大，因为太极拳理博大精深，各门各派的招数拿过来按太极拳的技击原则进行改良，便皆可运用。为提高教学效果，化繁为简，以现代散打中最常见的直拳、摆拳、勾拳及传统武术的栽拳、削掌为例，按照太极拳的技术原理，来进行实战拳法训练。要注意的是，动作上虽有相似之处，但内在联系则完全不同。

直拳

直拳是各种技击术在实战时运用比较多的招式。太极拳的直拳是一种接近直线的弧形运动，要求在浑圆状态下的圆内进行。在技击桩的间架下，从手开始的位置到目标点，不能有回收的动作，要在两点之间运动。不论是慢练还是快练，力都要起于足，借助腰部的微转催动到拳面。两臂要形成对拉，前后力相等，一拳击出时，另一拳要回撤防守，距离要求与攻击距离相等。击打前，两手要适度放松，到达目标的瞬间才握紧。太极拳的直拳攻击路线不能长，越短发力越强，训练时要以发寸劲为主，两肘弯曲的弧度大于 90°，最大不超过180°，以前脚尖为界限，注意形不破体，力不出尖。

要注意发力的整体性，出拳时要与相应的腰、胯、脚相合。在击打后要有整体弹性，打完就放松，回撤时靠弹性原路返回，要保持而不能破坏原来的间架。

定步练习时要注意两脚间的虚实转换，周身要尽量放松，到落点时要积柔成刚，体会太极拳的刚柔关系。

摆拳

太极拳的摆拳是沿间架圆的边沿进行的横向圆弧击打动作。在技击桩的间架下，击出的拳沿圆的边沿向对手侧面进攻，另一只手对应里合，形成左右相争。从手开始的位置到目标点，不能有回收的动作，要在两点之间运动。不论是慢练还是快练，力都要起于足，借助腰部的微转催动到拳面。击打时动作不能过大，以自己的中线为准，拳面不能超过中线，以免露出空隙。击打前，两手要适度放松，到达目标的瞬间才握紧。训练时要以发寸劲为主，两肘弯曲的弧度大于 90°，最大不超过 180°，注意形不破体，力不出尖。

摆拳的进攻路线长于直拳，容易被对手截断。练习时要形成挥浪状态，一波未完，一波又起，循环往复，攻守兼备。

要注意发力的整体性，出拳时要与相应的腰、胯、脚相合。在击打后要有整体弹性，打完就放松，回撤时靠弹性原路返回，要保持而不能破坏原来的间架。

定步练习时要注意两脚间的虚实转换，周身要尽量放松，到落点时要积柔成刚，体会太极拳的刚柔关系。

勾拳

太极拳的勾拳是沿间架圆的边沿进行的由下向上的圆弧击打动作。在技击桩的间架下，力还是由脚发出，击出的拳与腰胯相合，由下向上击打，腰胯空间动多少，拳打出的距离就是多少，拳劲要藏在腰里，腰胯发力时也千万不要顶，要形成弹性力，击打完就放松收回，恢复原状。击出的拳以自己为参照物，不能超过自己的下巴，另一只手与击出的手形成上下相争的状态，距离和作用力都要相等。

双拳转换时要注意相合相争，不留空隙死角。定步练习时要注意两脚间的虚实转换，周身要尽量放松，到落点时要积柔成刚，体会太极拳的刚柔关系。

栽拳

太极拳的栽拳是沿间架圆的边沿进行的由上向斜下方的圆弧击打动作。发力时要借助体重松打栽实，“打人如钉钉”。在技击桩的间架下，击打时两肘弯曲度要成 90° 角，如左拳击出，方向为右脚下，右手斜向上挑，形成上下左右相争；右拳击出，要向左脚下发力，左手斜向上挑，形成上下左右相争。击出的拳以自己的腹部为界限，不能超过，上挑的手以守护相对应的脸部为宜。击打前，两手要适度放松，到达目标的瞬间才握紧。

双拳转换时要注意相合相争，不留空隙死角。定步练习时要注意两脚间的虚实转换，周身要尽量放松，到落点时要积柔成刚，体会太极拳的刚柔关系。

削掌

太极拳的削掌是沿间架圆的边沿进行由里向外横向挥动的击打动作。削掌是以掌锋（或称手刀）向对手斜上位进击，掌心向下，应用时，力点为小指根部至前臂外侧。在技击桩的间架下，如左手应用时，应先向身体右侧随腰微扭动，然后以脚发力，腰胯的扭动带动左手臂向外斜上方挥动击出。同时右手应随腰摆动至左侧，守护脸部。右掌应用时亦然，只是方向不同。应用时双手相争，周身各部位相合相争。练习时以身体、脚的边缘为界限，形不破体，力不出尖。

削掌尽量进行活步练习。应用时，敌进我斜上步而进，抢偏击中。

太极拳的拳法练习，心意应以技击为主。练习时，精神假借与敌生死相搏，击必中，发必达，树立必胜的信心，心念放松，意气充足，周身开合自如，相争相合，心身合一，心念一起，身上就要做到上击、下砸、前打、后撞尽在太极圆中。出是打，收也是打，上下左右前后，八方六面圆转自然，因敌而变，应敌而击，练以致用，学者自知。

第二节　太极拳散手中的腿法训练

太极拳散手中的实用腿法，沿袭了传统武术讲究的“好腿不过膝”的打法，以进击中的低腿和暗腿为主。武术中有“抬腿半边空”的说法，所以在运用太极拳腿法时要注意时机的把握和自身重心的稳固，在出前面腿攻击时，身子不能后仰，后面腿攻击时身子不能前俯，而要有相反之意，抬脚必下沉，这样才能增加隐蔽性。下面就两种常用的腿法进行介绍。

铲跺脚

来源于拳架里的铲步。在进击中要有往下的跺击，心意要重、快、狠、准。要由上往下犹如跺脚踩踏，伤其脚面脚踝。在实战中利于近战，手攻上，脚击下，以心意控制其形，以手乱其势，暗发铲跺，以后脚跟为力点，由上往斜下猛击对手脚部，造成对手脚部疼痛，难以维持平衡，然后以拳法猛击对手。在遇到危及生命的歹徒时，应猛攻其脚趾，致其断伤；交流时应慎用。

在练习中，应注意拳架中的虚灵顶劲，出击而不露形，抬脚而身不动。

穿裆脚

穿裆脚在传统武术的实战腿法中占有很高地位，历来为拳家所重，不肯轻传。

动作：攻击的脚抬踢时，要通过或靠近另一条腿的膝下向前，由中线向对手下阴、膝盖、小腿等部位猛踢。

在实战中利于近战，手攻上，脚击下，以心意控制其形，以手乱其势，意力合于一点，贯力于脚，出暗腿攻击。要求发力要快，动作要狠，中骨骨断，中阴人亡。

穿裆脚要有三角步法的配合运用，还要有周身一家的上乘太极功夫为基础，才能运用自如。

第三节　太极拳散手中的身法训练

太极拳的身法，其实就是拳论中的一句话“立如平准，活似车轮”。“平准”的意思就是调整平衡，运用到太极拳散手中，就是要根据外界情况调整自己的身体平衡，时刻保持自己的重心稳定。我们在练习拳架中，基本上已经可以做到立身中正，但在击打发力时，能不能做到像在练习拳架时一样呢？以前有学生问我，拳谱上说发力要专注一方，那就很难保持身体的中正了啊，他是忘了拳谱上发力专注一方的先决条件是八面支撑，在实战搏斗时也要做到重心要稳，脚下有根。“活似车轮”是我们在实战前重点要训练的，身体各部位十八球旋转要灵活，如腰要活，肩要活，腿要活，各个关节要活，在运用时配合步法，转折如意，变点自然，没有滞的感觉。

把拳架中的一些动作拿出来单练身法的灵活，如陈式太极拳的闪通背（我练习此式时老师要求每天 100 次翻身不停），心道太极拳十九式的黑虎搜山、龙游四海，意拳的神龟出水（左右式练习收获巨大），形意拳的鹞子翻身等。

第四节 太极拳散手中的步法训练

内家武术对步法最为看重，有“教拳不教步，教步打师父”的说法。太极拳步法练习种类很多，就实战功用而言，现介绍两种实用步法的练习，在练习中要遵循由松而轻、轻而至灵、灵而至活、活可莫测的太极拳步法原则。活是随心所欲的体现，步活才能变化自如、快捷迅速。实战步法重于快，太极拳步法的快，是以松、轻、灵、活为先的。自己与对手的远近，攻击角度的变换，位置的移动，空间的判断，控制对手的先机，忽至突发，攻其不备，这些搏斗中的关键点均与步法的训练和运用密切相关。

摩擦步

摩擦步是中国武术内家拳步法训练的基础功。训练要由慢到快，要经过慢动、匀速动、快速动的阶段。

动作：按太极拳要求站定，两手臂背于身后，两拳虚握，拳背置于两腰肾处，含胸坐胯，意气下沉，左脚向左前方迈小半步，身体向左脚尖方向略转，目视前方。左脚平踏，重心略前移，为前三后七，头向上领劲，两腿微屈，周身放松。然后缓慢地向前移动重心，当两腿承重达到五五时，身体及右脚前脚掌微微左移。身体重心继续向左脚移动，待重心完全到左脚时，右脚缓慢抬起，不可太高，与地面仍有微小摩擦感，脚腕犹如挂物，开始方向为左方，经过左脚里侧时，以左脚维持重心，身体向右微转，右脚变为向右前方进小半步。按上述动作反复练习，每次训练应以10～15分钟为宜。

要点：脚掌要平起平落，平行送重心，后脚不要猛蹬地。脚抬起的高度也可适当提高，但距地面的高度不要超过10厘米。抬脚时身体意气更要下沉，进步时身体应有向后的意念，不能向前倾。意念要有踏雪趟泥之感，守丹处静，慢快都以自然为先。摩擦步是让练习者习惯以整体带动局部，在运动中不留明显的机会给对方，虽不能直接运用于搏斗，却是实战前不可缺少的基础。

三角步

三角步因其脚步的进退移位的路线均为斜向连接而得名，为内家拳应用步法，在技击上具有极高的实用价值。三角步为快动步法，在练习和应用中可配以身法、拳法、腿法、肘击等技术。

准备势：左脚向左前方上一步，两脚间距比肩略宽，左脚掌略向左外侧。右脚掌随左脚掌向内转动，幅度与左脚掌相同，与右膝盖方向一致。身体随左脚向左侧扭转，头部也随身体向左，眼睛看左脚尖所指的方向。此时左腿在前，膝部微屈，向前有顶劲，切不可塌膝；右腿在后，膝关节弯曲度大于前腿，微微有内扣之意。坐胯，命门后顶，溜臀，头正项直，下颌微收，含胸拔背。前后腿重心为后七前三。两手臂亦随身体转动，左手臂在前，右手臂在后，前手掌心向内，与头部高度一致，肘关节弯曲大于90°，沉肩坠肘，肘要低于手。后手臂向内环抱，手掌心对准右胸前方，肘关节弯曲小于90°，沉肩坠肘，肘要低于手。十指自然分开，微向内屈，掌心含虚。两腋下含虚，双臂如抱球状。

动作：左脚向左前方迈进一步，同时右脚随后跟进一步，左脚在前，右脚在后，两脚相距约为准备势的一半，身子为左肩在前，右肩在后，手臂形状不变。站稳后，重心迅速前移至左脚，右脚为脚掌着地，脚跟虚空。然后身体向右前斜转，同时右脚向右前方迈出一步，左脚亦随之跟进，变为右脚在前，左脚在后，肩手变为右前左后，手臂形状仍保持浑圆。按上述动作两边反复交替练习，要保持进步必跟、退步必随的理念，在三角斜边的状态下，左右、进退自如。

要点：前脚不论进退横走，后脚都要迅速跟随，保持周身一体。在快速运动时，跟随的脚都要前脚掌着地，以免重心不稳，定势后再调整重心。击打时，亦要如此。步法的变化要随外在而变，应用时角度距离都要判断清楚，练到进退自如时，即知“步无定位方得法，进退之奥变中求”的奥妙。

第五节　太极拳散手应用的综合训练

太极拳各种应用技术，如拳法、腿法、步法、身法、肘击、控摔等都是太极拳散手的重要组成部分。由于长期以来太极拳在练习中太过强调推手的练习，忽略了这些技法的综合应用训练，严重影响了太极拳运动的全面发展。太极拳散手的综合对抗训练是在推手听劲的基础上，运用太极拳的整体和速度优势，在实战过程中控制对抗节奏，加强打击效果，感知对手“劲路”，从而有效地捕捉战机，随时表现出“稳、准、狠”的技击特点，同时对自身防卫严密，不让对手有机可乘，从而立于不败之地。首先我是反对招数制胜论的，你怎么来，我用什么招数对付，这是不现实的，是没有实战过的人臆想出来的，但在确保安全的训练中加入近似实战的技术练习，对我们提高太极散手的实战能力是有好处的。要知道，在激烈的技击对抗中，形式瞬息万变，在如此不确定的技击环境中，能否准确运用太极拳的“听劲”和“黏制”的特点来控制对手的“劲路”，利用各种太极拳技术使对手失去操控重心和作战的能力，并能稳定自身的重心不被对手破坏，这些都需要我们在训练中加以重视。下面试举几个例子，可作为散手拆招的训练方式。

铲跺脚双人练习法

动作：甲、乙双方成格斗式（着深色衣服者为甲、浅色衣服者为乙，下同）。乙方以后手右直拳猛击甲方面门，甲方迅速以双手封黏其手臂，同时抬前脚踩蹬乙方前腿膝盖处或脚面（图 1、图 2）。

图 1

图 2

要点：甲方要精神集中，在乙方出拳的一刹那准确判断。接手后粘黏劲要足，右手控其腕，左手控其肘，成捋带之势。乙重心前倾必想后撤，甲趁势踩蹬要狠，达到一击取胜。

说明：低腿技法，其好处在于灵活性和隐蔽性高，攻防兼备，对自身的保护和重心稳定均有利。主动用腿时，应以手腿并用，实战时不给对手出拳的机会。

肘击跟步双人练习

动作：甲、乙双方成格斗式。乙方以后手右摆拳猛击甲方头部，甲方前脚踏上一步，后脚跟步，左拳向上迎击乙方右拳，同时松左胯转腰，以右肘猛扫乙方头部（图 3—图 5）。

要点：当乙方右摆拳击来时，甲方要掌握时机，果断迎敌出击，使其招法不能尽展，这就是太极拳提前控制对手的“劲路”。右扫肘要狠，以腰为轴发力，扫肘的高度不低于自己肩部，以防对手的左手攻击。两人手臂的接触点，在接触的一瞬间要有旋转，以变点卸力为主。

说明：封闭对手的“劲路”，是太极拳主动进攻的典型打法。在运用迎击战术时，注意不可硬拦硬架，而是要改变对手发力的方向和路线，使其露出空隙趁虚而入。实战中肘要能连击，训练中可以练习左右三肘的连环击法。

图 3

图 4

图 5

栽拳配合身法练习

动作：甲、乙双方成格斗式。乙方突然上步，以左前刺拳击打甲方面部，甲方迅速束身上步，以右手掩其左拳背，同时左拳猛击乙方腋下（图 6、图 7）。

图 6

图 7

要点：甲方束身上步出拳发力要一气呵成，整体运动。在左拳击出时右拳要回收防守，以防乙方突然变势。

说明：甲方遵守“敌不动，我不动，我意在敌先；敌微动，我先动，我意亦在敌先”的内家拳技击原则，在明知对手前刺拳杀伤力不大而后手拳蓄劲待发的情况下，果断采取置敌主攻于不顾的处理方式，主动打击对手弱点，体现了太极拳“逢实击虚”的战术。

削掌配合身法步法练习

动作：甲、乙双方成左格斗式，甲方手臂放松避免僵硬。乙方以右前刺拳击打甲方头部，甲方在乙方出拳的同时，右脚上步踏进乙方两脚之间，闪身让过乙方右拳，以左手拍击乙方右臂，使其重心前倾，身法“寓正于斜”，以右掌根拍击乙方右耳根处（图 8、图 9）。

图 8

图 9

要点： 甲方要掌握好上步的时间差，位置要上在乙方两脚之间。“脚踏中门夺地位”，使乙方步法、拳路无空间施展，被甲方控制。

说明： 甲方熟练运用“守中用中”的技击原则，控制对手的运动空间，化打合一，顺敌之势，一击而胜。

第六节　太极拳散手的摔法训练

很多人看不起太极拳的快摔技术，认为是摔跤，容易造成顶牛，那是因为练习者身法、步法不全面，在对抗中不能快速变点、避实击虚，阴阳转换不灵活，发力拖泥带水造成的。其实快摔在运用上要轻灵圆活，阴阳转换与对手一致，借力顺势，无不体现太极拳以柔克刚的技击原理。在太极推手和散手训练中加以摔法的练习，对于太极拳技术的全面掌握是有必要的。

靠劲摔法

动作：甲、乙双方以散手接触或以散推方式搭手（图10）。甲方运用引进，以左手虚拿乙方右腕，以右手控制乙方右臂向里採拿（图 11），在乙方重心前倾后，甲方以后腿向前蹬地，以肩、肘部猛撞乙方侧面，将其发放摔倒（图 12）。

图 10

图 11

图 12

要点：甲方在引进时，周身须圆转如意，将乙方手臂引长出尖时方可採拿。採拿时须发力将乙方身子带歪，防其变式。

说明：此摔法深得太极拳原理“引进落空合即出”之妙。引进时示之以弱，故意露出破绽使敌冒进。靠劲时借力打力，趁乙方重心前倾急于向后平衡身体的时间差，瞬间发力将敌击倒。

捌劲摔法

动作：甲、乙双方以散推方式搭手后，甲方迅速向乙方中线抢进，左脚踏进乙方两脚中间，左手虚搭于乙方右肩，右手轻拿乙方左臂（图 13）。甲方以直劲向乙方进逼，待乙方注意力集中于直劲而用拙力硬顶时，甲方迅速放松左胯，向左侧方发一横劲，同时以左膝盖发抖劲猛扣乙方左膝盖，使其失去重心而跌倒（图 14）。

图 13

图 14

要点： 甲方要先以掤劲把乙方拙力逼出来，松胯、转腰、发劲要完整一致。

说明： 此招为典型的太极拳“闪战”用法。在使用挒劲前先将对手的顶劲引出，然后变直劲为横劲，突然放松使对手失去支撑点，周身僵硬而被动。

採劲摔法

动作： 甲、乙双方以散手接触或以散推方式搭手（图15）。甲方运用黏劲将乙方左右手引化分开后，迅速上左步以套封步法封住乙方右脚（图 16），以左手迅速划到乙方右腋下，套住乙方右臂，以两手控制乙方一手的方式，转腰将乙方向左侧摔倒（图 17）。

要点： 甲方上步时隐蔽性要高，逢压力方可进步，手法与步法要协调一致。在甲方放开乙方右臂时，要以肩肘部位接触乙方右手，防止乙方击打。

说明： 在使用採劲制敌时，要採拿、快摔并用。

图 15

图 16

图 17

换位摔法

动作：甲、乙双方以散手接触，甲方以右手封住乙方右拳，右手有上托乙方右拳之意（图 18）。在乙方右拳向上翘高之际，甲方趁势迅速上左步，伸长左臂控制乙方腰部，并以右手封堵乙方左前臂（图 19）。甲方继续束身跟步从乙方腋下钻过(图 20)，利用转腰惯性使乙方失去支撑点而摔倒（图 21）。

图 18

图 19

图 20

图 21

要点：甲方上步束身果断，换位转腰钻过迅速，步法运用熟练，贴身而进，在快速运动中要保持自身的平衡。

说明：太极拳中有“沉、托、封、闭、提、顿、吞、吐”的技击要求，换位摔法在运用时便采用了“沉、托、封、闭”的用法，使对手有力无处使，处处憋力。这种摔法用来对付身材比较高大的对手效果较好。

抛摔法

动作：甲、乙双方以散推方式搭手（图 22），甲方以採肘手法向外採拉乙方前手臂（图 23），同时以三角扣步转至乙方身后，控制乙方左肩及右手臂（对手如高大，也可控制其腰），利用惯性抛弧线旋腰将乙方抛出摔倒（图 24、图 25）。

图 22

图 23

图 24

图 25

要点：甲方一定要将乙方採拉成身体侧对自己中线的有利位置，使其重心不稳。在转向乙方身后时，步法要稳定轻灵；转到后，重心下沉，以腰为主宰。

说明：声东击西，指南打北，引敌注意力在前，忽击其后，这是太极拳的“腾挪”用法。

第三章　心道太极拳散手诉要

第一节　以心意为先

心道太极拳散手的要诀就是“我心不动，随机而行”。心不动，才能不被假象所迷惑，才能静下来体察自身和对手，才能不错过最佳的机会。心静是散手听劲的原则，在实战中沉着冷静，不能出现畏惧、慌乱、紧张的情绪。在精神上要高度集中，而肢体上又要放松。

对太极拳是后发制人的说法，我是这样理解的。在对手心里想要发，信号还没传递到肢体的时候，练太极拳的心就应该感应到对手的意动了，并能做出正确的判断，肢体下意识地就要做出控制对手的动作了，所以太极拳散手中，外面看到的经常是练太极拳的反倒先出手。对手先动的是意，而我心静则听劲灵敏，意凝则控意，体松则变速，所以后发却能先至。

散手中心理素质也要过关。过什么关？生死观。街头实战，自卫搏杀无所不用其极，保护亲人，制伏歹徒，无不可用之术。交手前，心要静，观察环境听劲控意寻机会；动手后，心要狠，一旦得势跟进猛打不留情。

心道太极拳在遇敌时，要“示之以弱，逞之以强”。在形体外观上，要呆若木鸡，使对手产生轻视感，一旦得机，迅雷不及掩耳，将敌重创，使其失去继续搏斗的能力。

心道太极拳在与同道切磋或上场散手比赛时，要“外示安逸，内固精神”。肢体外形上放松，似轻视对手，实则处处体察对手，能因机而动、因势而变，敌有所念，即有所感。

在对付手持器械的歹徒时，要“心静胆正，意重劲足”。心静则不惧，不惧则放松，放松则可发挥技术，自然协调。胆正则有威，震慑对手，使其不敢轻易出手。意重则手辣，生死一线之际，你死我亡之间，当场不让步，举手不留情。劲足则重手，要招招出重手，处处有杀机，迎敌而上，拉近距离，控一点制全身，避敌器械，击其中线（空手入白刃，焦点不在白刃而在敌之要害）。

第二节　间架结构

太极拳常说“打人不拿架，拿架不打人”，这里说的拿架指的是“死架势”。记得小时候和师兄弟们练散手时，经常摆个武打电影中的姿势，那时老师老是笑我：“你们看他老是拉个挨打的架子。”这种“死架子”往往肌肉紧张，不利于变化。太极拳的间架是周身内外的运动配合，简单来说就是方便进攻，利于防守的态势。我们前面讲的技击桩是很好的格斗警戒势，浑圆运用得好，周身会形成一个屏蔽气团，气势浑厚，下盘沉稳，又灵敏矫健。

在实战搏斗中，双方的动作是在不断变化中的，但基本的间架是不变的，如身、手、步的空间位置和身体各部位之间相对应的角度。动作变化时也要保持均整合劲，对敌的身体各部位的位置、距离的间架是不变的。

在进攻和防守时都应保证间架的不散，这样能保证进攻时对自身的防护，可立于不败之地；防守中能随时反击，化中有打，打化合一。

太极拳散手的间架结构要想做到攻守兼备，并能在运动中随对手的来势、意念不断做出调整，就需要与步法进行长期的配合训练，形成手、身、步的空间协调本能，达到“手到脚到身也到，打人如同开玩笑”的间架要求（步法、身法、拳法协调一致），这时间架在太极拳的散手应用中才能发挥效果。

第三节　战术原则

心道太极拳的散手战术三原则是：（一）我心不动，随机而行；（二）控劲断意，后发先至；（三）守中用中，控势追击。对前两点说得比较多了，下面重点说说“守中用中，控势追击”。

守中用中是指防护好自己的中线的同时，打击的目标点也要选择对手的中线位置。在散手中击打的目标首选头部，鼻下人中对疼痛最为敏感，眼最为薄弱，攻敌之必防，头部遭到重击会产生短暂的眩晕，这时对手的反应能力下降，正是连续进击的机会。

正面进击时，对手头部的中央自上而下的垂直线就是对手的中线，进攻点包括头顶、眼睛、人中、喉咙、胸口、腹部、下阴等。我们在推手中知道控制对手中线的重要性，在散手中同样重要，对敌时，要“脚踏中门夺地位”，破其重心，攻其中线，手打、头撞、肘击、膝顶、肩靠、足踏连环运用。

侧方进击时，进攻点包括太阳穴、耳根、腋下两肋、侧腹部、胯关节、腿侧关节等。对手的中线一般与重心线相近，得机得势时，均应重击，使敌失重摔倒。

双方在散手中都是运动的，需要在移动变位的瞬间来判断守中用中，无论守中还是用中，都是为了进击（化中有进，化打合一），要配合间架和步法、身法、手法来选择方位。无论正面进击还是侧面进击，都要选取进攻的路线。进攻的路线分为直线和斜线。直线是直来直去，迅捷快速，以进退步为基础（孙式太极拳的进步必跟、退步必随的步法，我认为最利于实战直线进击），直取对手中线，可控可发。斜线以三角步方式偏锋侧进、贴身而入，要出其不意，攻其不备，斜进而正击，三角效应，似偏实稳，似危实安。

控势追击是在控劲断意的基础上，完全得机得势，对手重心不稳，无法组织有效反击的情况下，继续运用黏劲控制对手，不要轻易发放对手，而应抢进其中线，一边黏着对手，一边用短劲击打。要得理不让人，下手不留情，意透敌体，使其彻底丧失反击能力。

心道太极拳散手，要在拳架和推手阶段便开始培养搏斗的意识，养成防身技击的下意识。搏斗时，只要对手意识动作稍有举动，便要控其势，借其力，断其劲，击其体，达到克敌制胜的目的。

当然，太极拳练到天人合一、应物自然的高深地步时，道法自然，也就无所谓散手不散手了。

正是：拳技体用不为难，欲破天机需口传。若不认真辩意理，技击实战必输拳。浩气长存丹田内，精神运化宇宙间。身从局部求整体，体自松中盼自然。

附录

附录一　太极拳的起源与发展

太极者，无极而生，阴阳之母也！

无极是一种空洞浑浊的状态，在这种状态下，阴阳俱可包融，由无极而至有极的过程是阴阳分开的过程，这个过程的动静开合，也就是太极。太极图中阴中有阳，阳内含阴，阴阳互换，生生不息，太极拳就是借鉴于此，取法于阴阳动静之理、盈虚消长之机，附以武术技巧而逐渐发展起来的。它与凭借外力制敌的外家拳种不同，是一种养练结合的内家拳！

关于太极拳的起源和创始人，一直是众说纷纭，莫衷一是。大致有唐朝许宣平创拳说、宋朝张三丰创拳说、明朝张三丰创拳说、王宗岳创拳说等众多说法，其中以武术史家唐豪先生考证的陈王廷创拳说流传最广，现对各主要说法略作介绍。

关于唐朝许宣平的太极功三十七势的记载，见于宋远桥所著的《宋氏家传太极功源流及支派考》：许宣平，唐代江南徽州府人。隐城阳山，结檐南阳，辟谷，身长七尺六，髯长至脐，发长至足，行及奔马。每负薪卖于市口，独吟曰："负薪朝出卖，浊酒日夕归，借问家何处，穿云入翠微。"李白访之不遇，题诗望仙桥而回。其所传太极功，是受业于欢子，名三世七，因共三十七式而名之，又名长拳。长拳者，因如长江大河，滔滔不绝，无间断也，总名三十七势。以之锻炼腰腿，舒展血脉。其锻炼之法为单式练习，一手练成再练一手，而所练之手，亦不固定次序，惟在练者自择，自三十七势逐一用成，则自然贯中，能呵成一气，故又名长拳也！

张三丰创拳说。持此观点的近来颇多。张三丰的历史也是传说不一，据清代黄梨洲所撰《王征南墓志铭》载：少林以拳勇名天下，然主于搏人，人亦得而乘之。有所谓内家者，以静制动，犯者应手即仆，故别于少林为内家，盖起于张三丰。

据《明史》记载：张三丰，名全一，一名君实，三丰为其道号，辽东懿州（今辽宁彰武西南）人。生有异质，龟形鹤骨，大耳圆目，身高七尺，修鬓如戟，寒暑一笠一衲，不修边幅，所啖升斗辄尽，或数月一食，书过目不忘。流处无恒，或云一日千里。洪武初年，至蜀太和山，结庵玉虚宫，自行修炼。洪武二十七年，复入武当山，与乡人论经典，娓娓不倦。一日在室读经，有鹊在庭，其鸣如争论，真人由窗视之。鹊在树，注目下睹，地上有一长蛇，蟠结仰顾。少顷，鹊鸣自上而下，展翅相击，长蛇采首微闪，躲过鹊翅。鹊自下复上，俄时性躁，又飞下翅击，蛇亦蜿蜒，轻身闪过，仍着盘形。如是多次，真人出，鹊飞蛇走。真人由此悟以柔克刚之理。因按太极变化而成太极拳，动静消长，通于易理，故传之久远而功效愈著。民国人唐豪，字范生，专门研究中国武术史，长达二三十年之久，考证周详，曾于20世纪30年代亲到陈家沟考察，经其分析研究，提出太极拳乃是明末清初河南温县陈家沟陈氏九世祖陈王廷所创。陈氏家谱在其九世祖王廷旁注：“又名奏廷，明末武庠生，在山东称名手，扫荡群匪千余人，陈氏拳手刀枪创始之人也。天生豪杰，有战大刀可考。”

陈王廷依据明代将领戚继光所传《拳经》上的某些拳式，并以多年积累的心得，结合导引术，以“缠丝动”这一精髓要求寓其中，寓阴阳动静、方圆相生于浑然一体之中，而名之曰太极拳。此后，陈氏门中名手辈出，代有传人。现在我国广为流传的陈、杨、吴、武、孙五大流派的太极拳，溯源都出自河南温县陈家沟。

杨式太极拳是我国太极拳主要流派之一，其创始人为杨露禅。杨福魁（1799—1872），字露禅，河北省永年县人，就学于陈氏十四世陈长兴（1771—1853）。返回永年县以授拳为生，后北游京城，设馆授徒。由其族人武汝清推荐任旗营武术教师，因武艺绝伦，被誉为“杨无敌”。杨露禅为适应当时环境需要，逐步改易了原陈式太极拳中的如朝天蹬、七寸靠等高难动作。后又经其子杨班侯（1837—1892）、杨健侯（1839—1917），孙杨澄甫（1883—1936）一再修订。经杨氏三代人的努力，在陈长兴所传的基础上逐渐演变为动作轻柔缓慢，速度均匀的杨式太极拳，其架势舒展大方，绵绵不断，有如行云流水，深为广大学者所爱好。

满族人全佑，从杨班侯学拳，尽得所学，全佑传其子吴鉴泉（1870—1942）。鉴泉拳架自始至终速度均匀，紧凑圆活而又舒展，逐渐形成了以柔化见长的吴式太极拳。

武禹襄（1812—1880），河北人，先学于杨露禅，又师从于陈氏十五世陈青萍，后创武式太极拳。其特点是按起承开合节序编排运动要领，基本与其他太极拳流派之立身中正、气沉丹田、含胸拔背、松肩坠肘等要求相同。在步法上要求虚实分清而寓“腾挪”之意。武禹襄传其甥李亦畲，李传郝为真，郝深得武式之精髓，故亦有郝式太极拳之称。

孙禄堂（1860—1930），河北完县人，技击名家，精形意拳、八卦掌，著有《形意拳学》《拳意述真》，后师从郝为真，集三家精要于一炉而创孙式太极拳。其动作进退相随，架高步活，进步必跟，退步必随，一进一退，一开一合，节序分明，亦称开合太极拳。

以上所述是现在流传的五大宗派太极拳，虽然它们风格各有异同，但拳理则一致，各有侧重，异曲同工，都为太极拳发展做出了重要贡献。

刘骏涛于2006年

附录二　张三丰太极拳论

一举动周身俱要轻灵，尤须贯串。气宜鼓荡，神宜内敛。无使有缺陷处，无使有凸凹处，无使有断续处。其根在脚，发于腿，主宰于腰，形于手指。由脚而腿而腰，总须完整一气，向前退后乃能得机得势。有不得机得势处，身便散乱，其病必于腰腿求之。上下前后皆然。凡此皆是意，不在外面。有上即有下，有前则有后，有左则有右。如意要向上，即寓下意，若将物掀起而加以挫之之意，斯其根自断，乃坏之速而无疑。虚实宜分清楚，一处有一处虚实。周身节节贯串，无令丝毫间断耳。长拳者，如长江大海滔滔不绝也。掤、捋、挤、按、採、挒、肘、靠，此八卦也。进步、退步、左顾、右盼、中定，此五行也。掤、捋、挤、按，即乾、坤、坎、离四正方也。採、挒、肘、靠，即巽、震、兑、艮四斜角也。进、退、顾、盼、定，即金、木、水、火、土也。合之则为十三势。【原注云：此系武当山张三丰祖师遗论，欲天下豪杰延年益寿，不徒作技艺之末也】

附录三 王宗岳太极拳论

太极者，无极而生，动静之机，阴阳之母也。动之则分，静之则合。无过不及，随曲就伸。人刚我柔谓之“走”，我顺人背谓之“粘”。动急则急应，动缓则缓随。虽变化万端，而理唯一贯。由着熟而渐悟懂劲，由懂劲而阶及神明。然非用力之久，不能豁然贯通焉！

虚领顶劲，气沉丹田，不偏不倚，忽隐忽现。左重则左虚，右重则右杳。仰之则弥高，俯之则弥深。进之则愈长，退之则愈促。一羽不能加，蝇虫不能落。人不知我，我独知人。英雄所向无敌，盖皆由此而及也！

斯技旁门甚多，虽势有区别，概不外壮欺弱、慢让快耳！有力打无力，手慢让手快，是皆先天自然之能，非关力学而有为也！察四两拨千斤之句，显非力胜；观耄耋能御众之形，快何能为?!

立如平准，活似车轮。偏沉则随，双重则滞。每见数年纯功，不能运化者，率皆自为人制，双重之病未悟耳！

欲避此病，须知阴阳。粘即是走，走即是粘；阴不离阳，阳不离阴；阴阳相济，方为懂劲。懂劲后愈练愈精，默识揣摩，渐至从心所欲。

本是舍已从人，多误舍近求远。所谓差之毫厘，谬之千里，学者不可不详辨焉！是为论。

后 记

什么是中华武功？司马迁在《史记》上已经说得很清楚：“习练剑术，内可治身，外可防身，君子比德。”就是说，功夫不仅是防身健身的技术，更是一种道德追求。它是一种技、身、心的价值体系。

中国传统的内家拳最能代表中华武术，因为它不仅仅是一种武术技术，更是中华传统文化的重要载体。武医同源、武道同源、深符易理、内外兼修，学习传统内家拳不仅可以身轻体健，更可对中华传统文化有更深的认识。

我自幼好武，有幸得到多位武林前辈的悉心教导，是以我对内家功夫的精髓颇为了解。因年少时家境殷实，得家人资助，周游各地遍访名家，在此过程中，得到了不少良师益友的指点帮助，但也感到武林弊端门户之见严重，各派敝帚自珍，真正的诀窍秘不示人，使习练者虽经苦练，却不得其门而入。常此以往，中华功夫必沦为表演和健身的工具，面临失传的危险。

我写本书的目的很明确，一是在教学中能合理地安排训练项目，而不是老师想到哪里就讲到哪里，不顾学生的进度。练功方法能由浅入深，循序渐进。学生也可以对照进度，不急于求成。二是抛砖引玉，公开所谓的不传之秘，让学拳之路不那么艰难。近年太极武术书籍众多，但真正涉及核心的东西其实很少，大多谈养生和动作，希望本书能为内家拳理的探讨起到铺路的作用。三是在教学上，我提出了新的方法，这些方法在我十几年的教学过程中证明是有效的，希望同道们可以借鉴尝试，从中得到助益。

台湾企业家陈立宜博士和詹志辉博士在百忙之中为本书作序，非常感谢。太极拳是内家拳法，其博大精深，具中华传统学术之理，囊括所有武学之道，可谓“拳术之冠”。要想练到高深境界，必要高深的学识，具有大智慧的灵根。二位先生都是科技界一时俊杰，虽尊我为师，实是惭愧，希共同研究探讨，以证张三丰、王宗岳之论并非虚言。内家高手能子先生、武当派晏洪涛先生，是武术界的实战派，与我相交十几年，在追求武术真谛的道路上互相帮助，可谓良师益友，在此衷心感谢！感谢福田国际电子商务产业园董事长、太极拳协会会长张革私先生，在现代化园区率先成立太极拳研究会，提供人力物力，使传统文化在现代科技工作者中生根发芽，所思所为对太极拳的推广实是功德无量。

如有同道欲就本书内容与本人进行探讨，不胜欢迎，即请致电：

13662659012　QQ　475628624

刘骏涛

2016.2.15

武道入道之道

——写于后记之后

外国人多把技击称为“道”，而中国人比较自谦，认为技击之学不足以入道，只能称为“术”。但就是这“小术”所繁衍出的道理却也是无止无休，令人欲罢不能的。武术（这里指内家拳）的修炼不但可以入道，只要路走得对，甚至于能比其他修行方式更快地领悟到终极的奥秘。

自古及今，“神明”境界是为历代太极拳家所公认的最高境界，从王宗岳的《太极拳论》到后代拳师（如唐豪、沈寿等前辈）的注解都说明了这一点，但解释得都语焉不详、似是而非、含糊不定。这只能说明作者们对此境界虽心向往之，却力不能至，或限于文化，表达不清。不然这境界就算只可意会，不可言传，思路和修炼方法总能说出来吧？别对我说唯靠自悟，这是我经常说来忽悠人的。“神明”并不是武道的最高境界，而是通往以武入道的必经之路，是技击技术的顶峰，是人类肉体和精神完美的结合，如果只摸到一点门槛就来表述，那我只能借用王芗斋宗师的一句话“亦非通家”来评论了。

本书成书于2014年年底，当时与人民体育出版社的朱先生接洽，蒙其看重，一直计划出版，但因种种原因推迟至2016年，才又谈及出版之事。虽是新书，对我而言却是旧著。在这一年中，得到了陈立宜先生的大力帮助，他以做科学实验的方式，对内家拳进行立体的剖析，对历代拳家的论著大胆假设、小心求证，完成了大量工作，我们一起用全新的、不同于练武者的视角来看待拳学，使我对心道太极拳“神明”境界的理论体系加以完善，对古老的中华内家拳有了新的认知，忍不住想把它记述下来。

有关太极拳的各个阶段，我在本书中已经做了大量介绍了，但为了表达清楚，前后连贯，在这篇文字中把太极拳分成十个等级，再做介绍，重复难免，那就请把它作为单独的文章来看待吧！

一、肌肉力（后天明劲）阶段

推手中以力顶力，胳膊粗力气大就占上风，别管丢不丢手，也别论中正出尖。当然，有时也化一下，告诉大家练的是太极拳。硬推硬摔，虽说不对，却也练得热火朝天，大家心情愉快，也是一种游戏方式。

初学时作为提高学习兴趣的手段，这样游戏是可以的，但不能作为技术练习，更不能用来比赛。这样长期练习等于根基就是歪的，很难进步。但它也是入门的阶段，随着听力和化劲的增加，会逐渐不用肌肉力顶劲了。在这个阶段，教练一定要耐心引导。我常告诉这个阶段的学生不要觉得自己力大，对手顶不住，你一定会碰上比你力更大的对手。

二、僵柔阶段

这个阶段的风格是知道不能顶，可又松得不够，不太能化干净对手的力。不自觉地又会顶上了，或者容易丢劲。往往推不过肌肉力的对手。对肌肉力的对手不服气可又没办法，就不敢与其推手，或是也恢复到肌肉力，与对手硬顶了。

这前两个阶段的练习者非常多，往往练习数年甚至十余年仍保持这样的进度。造成这样的局面，是由于不肯彻底放弃肌肉力的原因。不是不知道正确的方法，而是觉得好用，不肯舍弃。舍得舍得，没有舍就别想得了。

和有肌肉力的对手推手，化不了就被推一下呗，又不能怎么样，早晚能化得了，何必争一时的胜负呢？到时还要感谢对手的喂劲呢！

僵柔阶段是每个练习者必过的阶段，如能舍得肌肉力，请进下一阶段。

三、上松下实

这一阶段是松沉劲的入门功夫，我在“松沉第一关”中有过介绍，但那篇文章是指在整个松沉劲当中应该做到的，对于刚刚入门的练习者，显然要求过高了。在这一阶段，只要做到上身能顺来力，不丢不顶，立身中正，守中用中，劲往下沉，立地生根，能分辨对手明劲的虚实和力源，借助地面的反作用力能用出合劲反击即可。

这个阶段对定步推手而言，在当今也算个“高手”了，所以在这里止步的也非常多。但说实话，虽然这一阶段听劲和化劲都有点基础了，但也是只能玩不能实用的，出去用只能让人看不起太极拳。

掌握了合劲却舍得不用，而是用黏劲控制对手，使其更加背势的，请进下一阶段。

四、一步一桩

步子动得起来，是这一阶段的目的。没人会和你定步打架。步子不但要能动，还要动得轻，动得均匀。只有轻、均匀，才能不顶，不但不和对手的脚顶，也不能和地面顶。虽然不顶，但每一步都是有根的，这就需要长期的拳架、站桩和试力的练习。练法我在本书中都有介绍。

这一关比较难练，也比较难理解，就是你抬起来的脚和地面还有联系，支撑的脚和地面没有顶的感觉，推手听不到你脚上的力源，没法来判断你的步子。顺便说一句，八卦掌是从这里开始练的，能走出一步一桩，正确的练习要三年，太极拳前面的基础要是打好了，也要刻苦地练习一年以上才能达到要求。

这个阶段的特点是不论移动速度多快，都可以借到地面的反作用力，在运动中可以随时运用合劲，发、化自如。

五、轻活顺随

和上一阶段练的东西一样，只是不用太在意脚下了，把活步推手当成定步推手练，会发现要求都一样，移动不移动是相对的。

这个阶段能熟练运用各种太极拳技巧，甚至不限于推手而可以在散手中运用了。这时的身手会让人产生自信，但可惜的是，这时的技击水平其实并不高，错觉的来源是你经常找抬不起脚、还处于前三阶段的太极拳习练者推手，或者和没练过功夫的人玩散手。

下个阶段才是真正的高手入门。

六、圆活不断

这个阶段就是找到浑圆力，练习方法和状态我都写进了本书的“周身劲浑圆”一文，请参阅练习。特别要提醒的是，一定是有了脚下移动的均匀，才有周身的均匀。

达到浑圆劲以后是劲均匀。

请大家记住均匀这个词。

七、气与劲合

我在前面提到内外要相合。这里再强调一下，因为太重要了。在周身劲均匀的情况下，内气肯定也是充足的，大多数学者会认为这时气与劲一定是合的，这看法对也不对。相对于劲来说，气是与劲合的，因为劲是均匀的，但对于气来说，劲对它是种限制，因为对敌时，意锁在敌身，气去追意，必然在劲先。也就是说劲没出尖，气在出尖。

这时需要重新练习脚下气均匀，等到周身气均匀了，才与外形（也就是劲）合了。

这个阶段非常重要，是松沉劲的顶端、轻灵劲的开始，是神明境界的钥匙。气均匀了以后可自由运用气的收发，感知非常神奇。

八、气与意合

我们都知道，不论推手还是散手，意都要看住对手的中，“意在敌先”，但放出去的意，想收回来，是有时间差的，意再轻，也是出尖，是有迹可循的。气均匀的人是可以听到意出尖的，所以意要与气相合。意均匀也是从脚下练起，等到周身意念均匀了，自然与气相合。

意均匀以后，完全不受拘束，是真正的“有意无意是真意”。

九、神明出焉

神也要均匀吗？是的，神均匀是劲、气、意的整合，是返璞归真。其实早在练习气均匀开始，真正的考验就来了，它就是要舍弃前面练习的一切外形上的东西，甚至松沉劲的练法全部改变。以前的世界观要全部颠覆和重组。

以前练到的东西是很好用的，这么多年练功习惯也是不愿舍弃的。这时好用是我们最大的敌人，因为大多数练习者只想按以前的方法让自己更好。

从气均匀开始，都要重新练习最基本的站桩、试力、拳架。秘诀是练习松的顺序与以前练习的顺序相反。

神明阶段虽然是形、劲、气、意的整合，但由静到动时期是要丢掉意的。不是“有意无意是真意”，而是真的丢掉意，就像气均匀时要丢掉形一样，是接近于“空”的状态(神明以前，包括神明阶段都是“假空”，还虚后才是“空”)。

十、炼神还虚

这是练习中意外的发现，但我可以肯定这不属于武学的范畴，所以不做介绍了。

这篇文字之所以写于后记之后，实际上是因为是否将其发表，让我难以决定，如果因为记述的问题，而将习练者引入歧途或引发同道争议，实非出于本意。但思悟道之艰、印证之难，不如具实录出，以待有缘。知我罪我，如此而已！

图书在版编目(CIP)数据

以心悟道练太极：从一点不会到太极拳高手 / 刘骏涛著. - 北京：人民体育出版社，2016（2017.10. 重印）
ISBN 978-7-5009-4979-4

Ⅰ.①以… Ⅱ.①刘… Ⅲ.①太极拳-基本知识
Ⅳ.①G852.11

中国版本图书馆 CIP 数据核字(2016)第 110517 号

*

人民体育出版社出版发行
三河紫恒印装有限公司印刷
新 华 书 店 经 销

*

850×1168 32 开本 5.625 印张 150 千字
2016 年 11 月第 1 版 2017 年 10 月第 2 次印刷
印数：5,001—8,000 册

*

ISBN 978-7-5009-4979-4
定价：18.00 元

社址：北京市东城区体育馆路 8 号（天坛公园东门）
电话：67151482（发行部） 邮编：100061
传真：67151483 邮购：67118491
网址：www.sportspublish.cn